Indisch

schnell & gesund

Indisch

schnell & gesund
130 Rezepte

Monisha Bharadwaj
Fotos Georgia Glynn Smith

CHRISTIAN

Dieses Buch ist den zwei wunderbarsten Kindern auf der Welt gewidmet, Arrush und India Saayli.

Danksagung

Ein großes Dankeschön geht außerdem an Kyle Cathie und ihr großartiges Team, das aus meinen Worten solch wunderbare Bücher entstehen lässt. Ein großes »Namaste« an Catherine Ward, die all die richtigen Fragen stellte, um dem Buch den nötigen Schliff zu geben, und an meine Familie, der ich mein Gespür für die richtigen Speisen zum richtigen Zeitpunkt verdanke.

Unser Verlagsprogramm finden Sie unter www.christian-verlag.de

Übersetzung aus dem Englischen: Natascha Afanassjew
Textredaktion: Regine Schmidt
Korrektur: Julia Kaufhold
Satz: wigel
Umschlaggestaltung: Caroline Daphne Georgiadis, Daphne Design

Die Originalausgabe mit dem Titel *Healthy Indian in Minutes*
wurde erstmals 2009 im Verlag Kyle Cathie Ltd., London, veröffentlicht.

Die Deutsche Nationalbibliothek verzeichnet diese Publikation in der Deutschen Nationalbibliografie; detaillierte bibliografische Daten sind im Internet über http://dnb.d-nb.de abrufbar.

Printed in China by Toppan Leefung Printing Ltd.

ISBN 978-3-88472-983-0

Christian Verlag
Postfach 400209
80702 München
E-Mail: info@christian-verlag.de

Inhalt

Einführung

Wir alle wissen, dass unsere Ernährung Einfluss auf unsere Gesundheit und unser Wohlbefinden hat. Das Bewusstsein für gesunde Lebensmittel wächst: Mehr Obst und Gemüse, Ballaststoffe und naturbelassene Produkte sollten wir essen! Ungesunde Essgewohnheiten verstärken die negativen Auswirkungen unseres hektischen Alltags nur noch, und diese dürfen wir nicht länger ignorieren.

Eine schonende Küche

Die indische Küche gilt außerhalb des Landes immer noch als zu fett und zu scharf, dabei ist die Alltagsküche Indiens ganz und gar nicht ungesund und macht auch nicht dick. Vielmehr handelt es sich seit jeher um eine sehr nährstoffreiche und schonende Küche mit naturbelassenen Produkten wie Vollkornmehl, unraffiniertem Rohzucker, viel Gemüse, Hülsenfrüchten und jeder Menge sehr gesunder Gewürze. Die Speisen in Restaurants und Imbissstuben sind viel fettreicher und schärfer als die traditionelle indische Küche zu Hause. Auch bin ich davon überzeugt, dass sich meine Gerichte mindestens so schnell zubereiten lassen wie im Schnellimbiss und noch dazu gesünder und frischer sind.

Saisonprodukte

In westlichen Ländern bekommt man die meisten Lebensmittel das ganze Jahr hindurch, während die Ernährung vieler Menschen in Indien von den Produkten bestimmt wird, die gerade Saison haben. So ist Indiens Nationalfrucht, die Mango, nur wenige Monate im Jahr erhältlich. Ich kann mich noch gut erinnern, wie wir in meiner Kindheit in Mumbai, dem früheren Bombay, ungeduldig darauf warteten, dass im April die ersten Alphonso-Mangos auf den Markt kamen. Die ersten Mangos im Jahr waren immer etwas Besonderes, und in den folgenden Monaten bis zum ersten Regen im Juni wurden Unmengen davon gegessen. Die nächsten Alphonso-Mangos würde es erst wieder in einem Jahr geben!

Die Menschen in Indien kaufen traditionell regionale Lebensmittel. Auch heute noch bringen die Bauern ihre Produkte auf den nächsten Markt, wo sie alles bis zum Abend verkaufen. Viele Menschen kaufen nur das, was sie für den Tag benötigen – ganz frisch. So wird der Weg zum Markt zum täglichen Ritual.

Eine vielseitige Küche

Die indische Küche hat es stets verstanden, Einflüsse von außen mit großer Offenheit aufzunehmen und zu einem Teil der eigenen Essgewohnheiten zu machen. Den Begriff »indische Küche« halten viele darum für zu allgemein, denn die große kulinarische Vielseitigkeit Indiens kommt dabei nicht zum Ausdruck. Was man rund um die Welt unter indischer Küche versteht, ist nicht selten die nordindische Küche, auch wenn sich in manchen Ländern das Verständnis für Indien wandelt. Im Grunde gibt es keine »authentische« indische Küche. Denn was ist schon authentisch an einer alten Kochtradition, die von so vielen Kulturen beeinflusst wurde? Die Samosas, die heute als typisch indisch gelten, wurden von den Moguln eingeführt. Chilischoten und Kartoffeln brachten die Portugiesen ins Land, und auch Champignons, Avocados und Babymais haben ihren Weg in die indische Küche gefunden, werden heute sogar für den Export gezüchtet.

AYURVEDA

Die Grundlage der indischen Küche ist die alte ayurvedische Lehre. Der Ayurveda, das ganzheitliche Gesundheitssystem Indiens, ist die älteste bekannte Form der Medizin. Er wurde vor etwa 5000 Jahren von Weisen aus dem Himalaja niedergeschrieben, welche um die Bedeutung und heilende Wirkung verschiedener Kräuter ihrer Region wussten.

Im Ayurveda glaubt man, dass wir zu bester Gesundheit gelangen können, wenn wir die *dhatus* nähren – die sieben Körpergewebe, zu denen auch Muskeln, Fett und Knochen zählen – und den Körper von *ama* reinigen, den Giftstoffen, die sich durch eine schlechte Verdauung ansammeln.

Die indische Küche ist im Grunde wie ein Apotheker, der sich jeden Tag um die Gesundheit und das Wohlbefinden der Familie kümmert. Das Essen, das täglich zubereitet wird, muss frisch sein, heilende Gewürze, Kräuter und verschiedene Zutatengruppen enthalten, sonst ist es unvollständig. Ein traditionelles, ausgewogenes indisches Essen besteht aus einem Gericht mit Kohlenhydraten, einem proteinreichen Curry, Obst, Gemüse und Milchprodukten (mehr dazu auf Seite 15).

Die drei Doshas

Der Ayurveda bezeichnet die ureigene Energiekombination, die jedem Menschen von Geburt an innewohnt, als dessen Konstitution oder *dosha*.

Diese drei Doshas heißen *vata* (von Luft und Äther dominiert), *pitta* (von Feuer und Wasser dominiert) und *kapha* (von Wasser und Erde dominiert). Erkennen wir die Bedürfnisse unserer persönlichen Konstitution und richten unsere Speisen und unsere Lebensweise danach aus, haben wir eine bessere Aussicht auf gute Gesundheit. Doch kein Mensch ist wie der andere, und wir alle reagieren ganz unterschiedlich auf die verschiedenen Speisen. Oft können auch zwei Doshas in einem Menschen zusammenwirken, oder die Doshas ändern sich je nach Jahreszeit. Mitunter wirken in einem Individuum sogar alle drei Doshas, was zu einer ausgewogenen Konstitution führt, die man als *tridoshic* bezeichnet.

Satmya und Okasatmya

Das ayurvedische Konzept von *satmya* bezieht sich auf alles, was sich wohltuend auf Körper und Geist auswirkt, auch lange nachdem man es gegessen hat. *okasatmya* hingegen bedeutet, dass eine bestimmte Ernährungsweise oder Lebensart dem Körper nur darum nicht schadet, weil sie regelmäßig praktiziert wird. In manchen Ländern isst man beispielsweise große Mengen Käse, und für die meisten Menschen dort ist er gut verdaulich. Doch wenn jemand, der nicht daran gewöhnt ist, nun jeden Tag Käse isst, wird sein Körper ihn weniger gut aufnehmen können. Was also aufgrund von Herkunft und Konstitution manchen gut bekommt, ist für andere schädlich.

VATA

Vata wird von den Elementen Luft und Äther dominiert und als trocken, rau, ruhelos und leicht beschrieben. Geeignete Rezepte für den Vata-Typ sind im Buch mit einem Wolkensymbol versehen.

Der Vata-Typ

Menschen mit einer Vata-Konstitution sind dünn und möglicherweise zu groß oder zu klein. Die Gewichtszunahme fällt ihnen schwer. Ihre Haut ist trocken und empfindlich, mitunter matt und kann zu Falten neigen. Ihr Haar ist spröde und kraus, Hände und Füße sind oft kalt. Sie neigen zu Verstopfung, brüchigen Nägeln und transpirieren kaum. Sie bevorzugen warmes, sonniges Klima, haben wechselnden Appetit, lehnen Routine ab und sind gern körperlich aktiv. Sie träumen viel (von Bewegung, vom Fliegen und Springen), können sich an ihre Träume jedoch nicht erinnern. Sie naschen oft und haben einen leichten Schlaf. Bei Stress können sie mit Furcht oder Sorge reagieren.

Gestörtes Vata-Gleichgewicht

Wenn das Vata-Dosha ansteigt, hat dies gesundheitliche Störungen zur Folge. Zu viele trockene oder rohe Speisen, zu wenig Schlaf, zu viele Reisen und Störungen der Routine, zu viele kalte Getränke und Aufenthalt in kaltem Wind können die Ursachen sein.

Woran erkennen Sie, dass Ihr Vata angestiegen ist?
- Ihre Haut ist trocken und angespannt
- Das Haar ist trockener und neigt zu Spliss
- Sie sind besorgt oder launisch
- Sie sind ruheloser als sonst
- Ihr Hals fühlt sich trocken an, die Lippen rau
- Sie leiden unter unregelmäßiger Verdauung und Blähungen
- Sie können schlecht einschlafen

Vata gilt als trocken, rau, kühl und ist ständig in Bewegung. Indem Sie sich warm halten und eine regelmäßige Routine entwickeln, sollten Sie Ihr Dosha-Gleichgewicht wiederherstellen können. Probieren Sie folgende Tipps:

- Entwickeln Sie einen regelmäßigen Tagesablauf. Das bedeutet, zu einer festen Zeit schlafen zu gehen und aufzustehen und dreimal am Tag zur richtigen Zeit zu essen. Arbeiten und entspannen Sie regelmäßig.

- Bringen Sie das Feuer der Verdauung (Agni) wieder ins Gleichgewicht, indem Sie ein leichtes Frühstück, ein nahrhaftes Mittagessen und ein leichtes Abendessen zu sich nehmen. Setzen Sie sich zum Essen und konzentrieren Sie sich in Ruhe darauf. Nach dem Essen sollten Sie sich einige Minuten ausruhen.

- Gönnen Sie sich täglich eine Ölmassage mit Mandel- oder Olivenöl. Wenn Sie Ihre Haare waschen möchten, reiben Sie Ihre Kopfhaut zuvor ebenfalls mit Öl ein. Lassen Sie das Öl einwirken und spülen Sie es nach einer Stunde wieder aus.

- Schützen Sie sich vor Kälte. Halten Sie sich warm, statt zu frieren, schützen Sie Ohren, Hände und Füße und verwenden Sie Balsam für raue Lippen.

- Gehen Sie jeden Tag 30 Minuten spazieren – das ist die ideale Form der Bewegung für Vata-Typen.

- Kommen Sie vor dem Zubettgehen vollständig zur Ruhe. Schalten Sie Fernseher oder Radio aus, lesen Sie ein beruhigendes Buch, trinken Sie ein Glas warme Milch.

Die ayurvedischen Geschmacksrichtungen, die bei einem gestörten Vata-Gleichgewicht helfen, sind: sauer, salzig und süß. Essen Sie Zitrusfrüchte, Nüsse, Trockenobst und Bohnen (siehe Seite 12). Achten Sie bei den Rezepten in diesem Buch auf das Wolkensymbol.

PITTA

Pitta wird von den Elementen Feuer und Wasser dominiert und als heiß, säuerlich, scharf und brennend beschrieben. Geeignete Rezepte für den Pitta-Typ sind mit einem Flammensymbol versehen.

Der Pitta-Typ

Der Pitta-Typ ist in der Regel mittelgroß und wohlproportioniert. Solche Menschen nehmen leicht ab und wieder zu, haben einen gesunden Appetit und Stoffwechsel. Darum müssen Sie regelmäßig essen und leiden selten unter Verstopfung. Haar und Haut sind eher fettig und fein; sie neigen zu Pickeln und Ausschlägen. Sie sind kreativ, ehrgeizig, intellektuell und haben feste Überzeugungen. Auf Stress reagieren sie verärgert und frustriert, ihre Ansichten vertreten sie mit Nachdruck. Sie transpirieren viel, haben warme Hände und häufig Durst.

Gestörtes Pitta-Gleichgewicht

Störungen des Pitta-Gleichgewichts können durch zu viele scharfe Speisen, zu wenig Schlaf, zu heißes Wetter, zu viel Sonne und den Verzicht auf eine Mahlzeit bedingt sein.

Woran erkennen Sie, dass Ihr Pitta angestiegen ist?
- Sie haben Sodbrennen oder sind übersäuert
- Ihre Haut fühlt sich heiß und verbrannt an
- Sie verlieren mehr Haare als gewöhnlich
- Sie sind aufgebracht, verärgert und anderen gegenüber weniger tolerant
- Sie schlafen unregelmäßig
- Sie sind von Ihrer Arbeit besessen

Pitta gilt als heiß. Indem Sie sich körperlich und emotional Abkühlung verschaffen, sollten Sie Ihr Dosha-Gleichgewicht wiederherstellen können. Probieren Sie folgende Tipps:

- Vermeiden Sie scharfe Speisen. Essen Sie süße Früchte wie Trauben und Birnen, und essen Sie regelmäßig zu den Mahlzeiten, um nicht zu übersäuern.

- Gehen Sie nicht zu den heißesten Stunden in die Sonne. Dies verstärkt das Pitta, und Sie fühlen sich innerlich wie äußerlich verbrannt. Schützen Sie sich mit einem Hut, Sonnenbrille und Baumwoll- oder Leinenkleidung.

- Trinken Sie reichlich raumtemperiertes Wasser und essen Sie regelmäßig Obst und Gemüse, damit sich im Körper keine Giftstoffe ansammeln.

- Reagieren Sie gelassener. Wenn eine Situation Sie verärgert, ziehen Sie sich zurück. Üben Sie sich in Meditation, machen Sie lange, entspannte Spaziergänge und suchen Sie die Harmonie in der Natur.

- Schwimmen hilft, sich zu beruhigen.

- Pflegen Sie Ihre Haut mit Feuchtigkeitsprodukten. Behandeln Sie Ihre Haut zur Kühlung mit Massageöl.

Die ayurvedischen Geschmacksrichtungen, die bei einem gestörten Pitta-Gleichgewicht helfen, sind: süß, adstringierend und bitter. Milch, Reis, Obst und Nüsse haben eine wohltuende Wirkung (siehe Seite 12). Achten Sie bei den Rezepten in diesem Buch auf das Flammensymbol.

KAPHA

Kapha wird von den Elementen Wasser und Erde dominiert und als schwer, kalt, rutschig und süß beschrieben. Geeignete Rezepte für den Kapha-Typ sind mit einem Tropfensymbol versehen.

Der Kapha-Typ

Menschen des Kapha-Typs sind kräftig gebaut, haben schwere Knochen und nehmen leicht zu, verlieren jedoch nur schwer Gewicht. Ihre Haut ist dick und kühl, sie haben oft verstopfte Poren und Pickel. Ihr Haar ist dick und wellig. Sie bevorzugen trockenes Klima und fühlen sich bei heißem Wetter ebenso wohl wie bei kaltem. Sie verfügen über eine normale Verdauung und gesunden Appetit, und die Vorliebe für fettes, stärkereiches Essen schadet ihnen nicht. Sie schätzen Freizeitaktivitäten, schlafen fest und träumen oft von Wasser und Flüssen. Ihre Meinungen und Einstellungen ändern sie nur langsam, sie gehen schwierigen Situationen aus dem Weg. Wenn sie krank sind, produzieren sie viel Schleim.

Gestörtes Kapha-Gleichgewicht

Störungen des Kapha-Gleichgewichts können durch zu viele kalte Speisen und Getränke, zu wenig Bewegung oder Schlaf und zu schweres Essen bedingt sein.

Woran erkennen Sie, dass Ihr Kapha angestiegen ist?
- Ihre Nase und ihr Hals fühlen sich beim Aufwachen verstopft an
- Ihre Nase läuft den ganzen Tag
- Ihre Verdauung ist verlangsamt, ihr Stuhlgang unregelmäßig
- Sie sind träge und lustlos
- Ihr Haar und die Haut sind fettiger als sonst
- Sie haben das Gefühl, nur zuzuschauen, anstatt am Leben aktiv teilzunehmen

Kapha gilt als schwer und kalt. Indem Sie fit bleiben und sich warm halten, sollten Sie Ihr Dosha-Gleichgewicht wiederherstellen können. Probieren Sie folgende Tipps:

- Bewegung ist der erste Schritt zu einem ausgewogenen Kapha. Dieser Dosha-Typ braucht körperliche wie geistige Betätigung. Suchen Sie sich eine anspruchsvolle Übungsform, die Sie jedoch nicht erschöpft. Suchen Sie zudem nach geistigen Herausforderungen. Lernen Sie etwas Neues, machen Sie Kreuzworträtsel, legen Sie Puzzles.

- Essen Sie regelmäßig, um die Verdauung anzuregen.

- Da Sie zu träger Verdauung neigen, sollten Sie Obst, trockene Produkte wie Müsli und leichte Suppen essen.

- Gehen Sie nicht in die Kälte, trinken Sie viel warmes Wasser.

- Halten Sie sich an einen regelmäßigen Schlafrhythmus. Gehen Sie früh zu Bett, und stehen Sie früh auf.

- Suchen Sie nach neuen Erfahrungen – machen Sie neue Bekanntschaften, gehen Sie auf Reisen, planen Sie etwas Besonderes.

Die ayurvedischen Geschmacksrichtungen, die bei einem gestörten Kapha-Gleichgewicht helfen, sind: bitter, scharf und adstringierend. Essen Sie Produkte wie Couscous, Kohl, Okraschoten und Ingwer. Reis und Weizen hingegen sind schwer und sollten nur in Maßen verzehrt werden. Achten Sie bei den Rezepten in diesem Buch auf das Tropfensymbol.

AYURVEDISCHE ERNÄHRUNG

Nach dem Ayurveda bestehen alle Speisen aus sechs Geschmacksrichtungen oder *rasas*, aus zwei Wirkkräften oder *viryas* und drei dauerhaften Wirkungen *(vipaks)* auf den Körper.

Eine ausgewogene Mahlzeit

Im Sanskrit und anderen indischen Sprachen kennt man für das Wort »Rasa« gleich mehrere Bedeutungen. Es kann sowohl Geschmack als auch Gefühl heißen und bezeichnet ein wichtiges Prinzip der indischen Küche. Ich persönlich bin davon überzeugt, dass ein gelungenes indisches Essen ein ausgewogenes Verhältnis aller sechs Geschmacksrichtungen verlangt, und darum geht es mir beim Kochen. Süße erhält man durch Zwiebeln und bestimmte Gewürze. Schärfe liefern nicht nur Chilischoten, sondern auch Ingwer und Knoblauch, und Salat oder *raita* haben adstringierende Eigenschaften.

DIE SECHS RASAS

Ein gelungenes indisches Essen sollte alle sechs Geschmacksrichtungen oder Rasas vereinen.

Süß

Dieser Geschmack hat eine kühlende Wirkung und ist eher schwer und feucht. In Maßen verwendet besitzt er wohltuende Eigenschaften. Zu den süßen Zutaten zählen Zwiebeln, Tomaten, Kardamom und Garnelen.

Sauer

Säure hat eine wärmende Wirkkraft und bringt die Verdauung in Schwung. Sie ist ein wenig schwer und feucht. Saure Zutaten sind Zitronen, Orangen, Tamarinde (Abbildung unten links) und Essig.

Salzig

Diese Geschmacksrichtung besitzt die Eigenschaften von Wasser und Feuer und gilt darum als wärmend. Auf Dauer hat sie eine feuchte Wirkung, und Menschen, die zu viel Salz essen, neigen zu Wassereinlagerungen.

Würzig-Scharf

Dieser Geschmack stimuliert die Verdauung besonders gut, ist leicht und trocken. Würzig-scharfe Zutaten sind Ingwer, Knoblauch, Chilischoten, Pfeffer und Gewürznelken.

Bitter

Bitterer Geschmack ist kalt, trocken und leicht, gleicht andere Geschmacksrichtungen aus und ist generell gesundheitsfördernd. Bitter sind Kreuzkümmel, Senfsamen und Bittergurke (oder Bitterkürbis, *karela*).

Adstringierend

Hierbei handelt es sich um einen eher leichten, trockenen Geschmack mit kühlender Wirkkraft. Adstringierende Zutaten verlangsamen die Verdauung und schaffen ein Gefühl der Distanz. Dazu gehören Tee, Granatäpfel und Auberginen (Abbildung gegenüber).

DIE ACHT REGELN DER AYURVEDISCHEN ERNÄHRUNG

Prakruti

Stellen Sie die Speisen nach ihrer Qualität zusammen – Fleisch ist schwer, Gemüse leicht verdaulich. Wer für eine Mahlzeit nur schwere Zutaten wählt, fühlt sich aufgebläht, und die Speisen werden nicht richtig verdaut.

Karana

Bedenken Sie die Verarbeitung der Speisen. Gegartes ist meist leichter verdaulich – mit Ausnahme von Obst und einigen Gemüsesorten. Durch Braten werden Speisen schwerer, Pfannenrühren macht sie leichter. Die Mikrowelle zerstört die Lebenskraft *(prana)* der Speisen.

Samyoga

Vermischen Sie nie gegensätzliche Speisen. So passen etwa Fisch und manche Milchprodukte nicht zusammen, da zur Verdauung unterschiedliche Mengen Säure benötigt werden. Auch Bananen und Milch harmonieren nicht gut.

Rashi

Entscheiden Sie nach Ihrer Konstitution, wie viel Sie essen.

Desha

Ernähren Sie sich im Einklang mit Ihrer Umwelt. Bedenken Sie die Jahreszeit und Faktoren wie den Grad der Verschmutzung.

Kala

Wählen Sie den Zeitpunkt sorgsam. Essen Sie nur, wenn die vorherige Mahlzeit ausreichend verdaut wurde.

Upayoga sanstha

Befolgen Sie die Regeln des Essens. Essen Sie die Speisen heiß. Vermeiden Sie Ablenkung durch Lachen, Reden oder Lesen. Bleiben Sie in der Ruhe; zu viel Trinken beim Essen und Rauchen ist nicht zu empfehlen.

Upabhokta

Jeder Mensch muss nach seinem Gefühl entscheiden, was er isst. Zwingen Sie sich nie, gegen Ihren Instinkt zu essen.

DIE VIRYAS

Der Ayurveda bezeichnet die Fähigkeit des Körpers, Speisen zu verdauen, als *agni*, das Feuer der Verdauung. Wer zu viel isst oder zu viele kühlende, schwere oder belastete Speisen zu sich nimmt, bringt das Feuer schnell zum Erlöschen, und wer zu wenig isst, kann es nicht richtig entfachen.

Alle Speisen haben eine wärmende oder kühlende Wirkung, die sogenannte *virya*. In Indien lehrt man bereits die Kinder das Wissen von den wärmenden und kühlenden Speisen und welchen Einfluss sie in den verschiedenen Jahreszeiten auf den Körper haben. Der Sommer ist die Zeit kühlender Speisen wie Milch, Kokos und Fenchel. Im Winter gibt es dann Wärmendes, etwa Honig, Sesam und wärmende Gewürze.

Es ist wichtig zu verstehen, wie unterschiedlich die Speisen im Lauf des Jahres auf den Körper wirken. Wer etwa im Sommer zu viele wärmende Mangos isst, muss dies durch ein Glas kühlende Milch ausgleichen!

KOCHTECHNIKEN UND KÜCHEN-GERÄTE

Viele im Westen bekannte indische Spezialitäten aus dem Schnellimbiss sind sehr fett und ungesund und sollten keinesfalls häufig konsumiert werden. Für die Zubereitung ihrer Speisen zu Hause verwenden die Inder jedoch sehr gesunde Kochtechniken.

Pfannenrühren

Das Pfannenrühren ist eine schnelle Garmethode, bei der sehr wenig Öl verwendet wird – in den meisten meiner Rezepte sind es nur 1–2 Esslöffel Pflanzenöl. Es wird stark erhitzt, sodass es die Zutaten nicht durchtränkt, und die Speisen werden zügig gegart, damit sie ihre Inhaltsstoffe bewahren. Keines der Gerichte wird frittiert, auch die Samosas werden im Ofen gebacken.

Sprossen ziehen

Lässt man Hülsenfrüchte keimen, werden sie noch gesünder und der Vitamingehalt nimmt zu. Ich ziehe regelmäßig Sprossen von Mungobohnen, braunen Linsen und Mottenbohnen. Dafür die Hülsenfrüchte einfach in einer Schüssel mit Wasser bedecken und über Nacht einweichen lassen. Am nächsten Morgen in ein Küchentuch binden und 1–3 Tage an einem warmen Ort keimen lassen. An heißen Tagen gieße ich die eingeweichten Hülsenfrüchte nur in ein Sieb und lasse sie in der Küche keimen.

Fermentation

Auch die Fermentation macht Lebensmittel noch gesünder. Dies gilt nicht nur für die Erzeugung von Joghurt, sondern ebenso für die Teigherstellung, etwa für *dosas*, südindische Pfannkuchen. Bei der Fermentation entstehen organische Säuren, welche die Speisen konservieren und den Nährwert erhöhen.

Dampfgaren

Ich bin eine große Verfechterin des in Indien sehr geschätzten Dampfgarens. Die Methode spart Energie und ist auch unter dem gesundheitlichen Aspekt bedeutsam: Die Nährstoffe bleiben weitgehend erhalten, weil die Speisen in Dampf gegart werden. Zwar ist das Dampfgaren in den letzten Jahren aus der Mode gekommen, doch ich halte es für eine der schnellsten, gesündesten und umweltfreundlichsten Kochtechniken.

Küchengeräte

Ein normaler Haushalt verfügt im Grunde über all die Utensilien, die man zum Kochen der Speisen in diesem Buch benötigt. Die meisten indischen Gerichte werden in einem Topf zubereitet, in dem man die Zutaten in mehreren Arbeitsschritten kombiniert – das reduziert den Abwasch!

Ich empfehle die Verwendung von Töpfen mit schwerem Boden, denn sie leiten die Hitze besser und lassen sich stärker erhitzen. Die meisten indischen Köche verwenden einen *kadhai* zum Pfannenrühren und Frittieren. Er erinnert an einen chinesischen Wok, ist aber schwerer, da die Speisen länger gegart werden.

Ein weiteres wichtiges Gerät ist ein Standmixer für die Herstellung von Currypasten und Chutneys. Neben einem großen Mixer benutze ich eine kleine Kaffeemühle zum Mahlen von Gewürzen.

ZUR VERWENDUNG DIESES BUCHS

Die Kapitel in diesem Buch habe ich genauso angeordnet, wie man eine indische Mahlzeit zusammenstellt. Zu Beginn wählen Sie ein Gericht mit Kohlenhydraten aus dem ersten Kapitel. Dann suchen Sie dazu ein Curry aus – mit Fleisch, Huhn, Seafood, Hülsenfrüchten, Gemüse oder Ei. Das steuert reichlich Sauce bei und oft auch Proteine. Als Nächstes folgt eine »trockene« Gemüsebeilage mit zusätzlichen Nähr- und Ballaststoffen. Dann können Sie sich zur harmonischen Ergänzung noch für einen Salat oder ein pikantes Chutney entscheiden. Die meisten indischen Mahlzeiten bestehen aus 3–4 Gerichten, zu denen man stets Wasser trinkt. Um Ihnen bei der Auswahl der richtigen Speisen zu helfen, gibt es im Buch zahlreiche Menüvorschläge für jede Gelegenheit, vom Sonntagsbrunch über das Lunchpaket bis zum festlichen Essen. Haben Sie einmal wenig Zeit zur Verfügung, werden Sie bestimmt im Kapitel mit den einfachen Gerichten und leichten Snacks fündig (Seite 118).

Mengenangaben

Alle Rezepte im vorliegenden Buch sind für vier Personen berechnet. Wer die Gerichte nur für zwei Personen zubereiten möchte, muss die Menge der Hauptzutaten halbieren, die Gewürze jedoch nur leicht reduzieren. Das Gleiche gilt bei zusätzlichen Portionen: Die Menge der Gewürze nur leicht erhöhen. Bei der doppelten Menge wäre der Geschmack zu intensiv.

Salz

Beim Salz habe ich auf die Mengenangaben ganz verzichtet. Denn die meisten Menschen bevorzugen unterschiedliche Mengen, und manche verwenden es gar nicht. Verlassen Sie sich bei der Salzzugabe also auf Ihren Geschmack. Ich selbst gebe nur so viel Salz an die Gerichte, dass es die anderen Aromen unterstützt.

Experimentieren Sie ruhig

In meinen Gerichten bemühe ich mich stets um ein ausgewogenes Verhältnis der Aromen – sie sollen weder zu scharf noch zu salzig sein. Darum verwende ich Chilischoten und Chilipulver eher mit Vorsicht. Wenn Sie es jedoch lieber feurig mögen, können Sie entweder die Menge der Chilischoten erhöhen oder mit einem fertigen Pickle mehr Schärfe beisteuern. In Indien serviert man zu jedem Essen eine Reihe von Pickles und Chutneys, etwa mit Chili, Limette, Mango oder Papaya. So kann jede Person bei Tisch den gewünschten Schärfegrad selbst bestimmen.

Obwohl all die Rezepte und Mengenangaben auf den folgenden Seiten getestet wurden, bin ich davon überzeugt, dass die besten Köche mit einer ordentlichen Portion Intuition kochen. In den vielen Jahren, die ich nun schon vorkoche und unterrichte, habe ich immer wieder festgestellt, dass die Zutatenlisten noch so genau sein können, verschiedene Menschen verwenden dennoch verschiedene Produkte. Darum prüfen Sie ruhig ihre Zutaten während der Zubereitung. Sie geben den besten Aufschluss darüber, was da im Topf entsteht.

Nährwert

Zwar gebe ich in den Rezepten den gesundheitlichen Nutzen vieler Produkte an, doch die individuelle Wirkung hängt natürlich davon ab, wie Ihr Organismus darauf reagiert. Schließlich geht es bei der ayurvedischen Ernährung ja darum, das zu essen, was uns persönlich gut bekommt. Dies kann sich aber mit jeder Jahreszeit ändern, es bleibt ein stetiger Prozess.

Hinweis

Die Informationen in diesem Buch sind nicht zur medizinischen Diagnose oder Behandlung gedacht. Sie können und sollen keinesfalls den ärztlichen Rat ersetzen.

Eins
Reisgerichte und Brote

Im Zentrum einer indischen Mahlzeit steht immer ein Gericht mit reichlich Kohlenhydraten. Fast alle Inder essen täglich Reis oder Weizen, und beide Getreidesorten werden in großem Umfang angebaut. Immerhin war Indien eines der ersten Länder, das Reisanbau betrieb. Von hier gelangte das Korn nach Ägypten, dann über Griechenland, Portugal und Italien bis nach Amerika.

Obwohl in Indien Hunderte verschiedener Reissorten angebaut werden, erfreut sich der Basmatireis weltweit größter Beliebtheit. Mit diesem Namen verbindet man üppige Reisfelder, die durch gletschergespeiste Flüsse des Himalajas bewässert werden. Basmati gilt als königlicher Reis und ist in Indien besonderen Gelegenheiten und Gerichten vorbehalten. Ebenso wie Wein wird Reis durch Reifung immer besser, und so reift Basmati von ausgewiesener Qualität bis zu 10 Jahre unter kontrollierten Bedingungen. Das Ergebnis ist ein Reis, der besser gart und wunderbar locker bleibt. Junger Reis hingegen wird wegen der klebrigen Konsistenz vorwiegend für Desserts verwendet.

Weizen ist in Indien ebenfalls beliebt, jedoch eher im Norden des Landes. Man bereitet daraus verschiedene Brote, genießt ihn zum Frühstück, als Snack oder Hauptgericht. Natürlich wird Brot auch aus anderen Getreidesorten hergestellt, einschließlich Hirse *(bajra)* und Mais. Aus Reis und Weizen erzeugt man zudem Reismehl, Grieß und viele weitere Produkte.

Ayurvedisches Wissen

Alle Getreidearten haben einen süßen Geschmack (Rasa). Dies bedeutet, dass sie beim Verzehr ein Gefühl von Ruhe und Zufriedenheit erzeugen. Während man im Westen braunen Naturreis wegen der Ballaststoffe und des Nährwerts schätzt, wird im Ayurveda weißer Basmatireis empfohlen, denn er ist leichter und besser verdaulich. Weißer Reis ist als einzige Getreideart für alle drei Dosha-Typen geeignet (siehe Seite 8).

CHAVAL

Gekochter Reis

Die Inder kaufen ihren Reis beim Lebensmittelhändler, wo die verschiedenen Sorten in Säcken angeboten werden. Je älter der Reis ist, desto lockerer bleibt er nach dem Kochen. Neuer Reis hingegen hat eine klebrigere Konsistenz und eignet sich eher für Süßspeisen und Pfannkuchen. Das Alter von fertig abgepacktem Reis lässt sich nicht bestimmen, doch habe ich mit vielen Sorten, die man im Westen bekommt, gute Erfahrungen für die angegebenen Kochzeiten gemacht.

200 g Basmatireis
400 ml heißes Wasser

Vorbereitungszeit: 5 Minuten
Garzeit: 20 Minuten
Für 4 Personen

1. Den Reis in einem Sieb unter fließendem kaltem Wasser waschen. Abtropfen lassen, mit dem heißen Wasser in einen Topf mit schwerem Boden geben und zum Kochen bringen. Salz muss nicht hinzugegeben werden.

2. Die Hitze reduzieren. Den Reis durchrühren und zugedeckt 10 Minuten köcheln lassen, bis er schön locker ist und das Wasser absorbiert hat. Den Herd ausschalten und den Reis weitere 5 Minuten zugedeckt aufquellen lassen.

3. Mit einer Gabel den Reis vorsichtig auflockern und heiß servieren.

TOMATOCHI LAPSI

Weizenschrot mit Tomaten

Zu Schrot zermahlener Weizen gart schneller als ganze Weizenkörner. In Indien ist Weizenschrot ein recht beliebter Reisersatz, vor allem für Diabetiker, und an religiösen Feiertagen bereiten Hindus daraus süßen Brei. Weizenschrot ist reich an Ballaststoffen und dem Spurenelemet Mangan.

300 g Weizenschrot, gewaschen und abgetropft
2 EL Tomatenmark
½ TL Garam masala (Seite 173)
½ TL gemahlene Kurkuma
Salz
600 ml Wasser

Vorbereitungszeit: 5 Minuten
Garzeit: 25 Minuten
Für 4 Personen

1. Tomatenmark, Gewürze, Salz und Wasser in einen Topf geben und zum Kochen bringen.

2. Den Weizenschrot hineingeben und wieder aufkochen lassen. Die Hitze reduzieren und den Weizen zugedeckt 10–12 Minuten köcheln lassen, bis er weich ist. Der typische Biss des Weizens bleibt dabei erhalten.

3. Den Weizenschrot mit einer Gabel auflockern und mit einem Gericht aus Hülsenfrüchten und einem Beilagensalat servieren.

Ein unkompliziertes Essen für junge Köche

- Weizenschrot mit Tomaten (Tomatochi lapsi)
- Gehacktes Lammfleisch mit Pilzen und Erbsen (Kheema gucchi mutter), Seite 40
- Gurken-Minz-Raita (Kheere pudina ka raita), Seite 136

RATAN KOFTA PULAO

Reisjuwelen mit Fleischbällchen

Meine Kinder und ich lieben dieses festliche Reisgericht, das sich doch so einfach zubereiten lässt. Sie können natürlich auch andere Gemüsesorten ausprobieren, etwa Champignons, Auberginen oder Brokkoli. Reichen Sie dazu grünen Salat mit Zitronensaft als Dressing.

300 g Basmatireis, gewaschen und abgetropft
150 g mageres gehacktes Lammfleisch
1 TL Ingwer-Knoblauch-Paste (Seite 173)
Salz
1 EL Sonnenblumenöl
1 TL Kreuzkümmel
150 g verschiedene Gemüsesorten (etwa Karotten, Erbsen, Gemüsemais und grüne Bohnen), größeres Gemüse klein geschnitten
½ TL gemahlene Kurkuma
½ TL Garam masala (Seite 173)
600 ml Wasser
1 kleine Handvoll frisches Koriandergrün, gewaschen

Vorbereitungszeit: 10 Minuten
Garzeit: 30 Minuten
Für 4 Personen

1. Den Backofen auf 200 °C vorheizen. Lammfleisch, Ingwer-Knoblauch-Paste und Salz nach Geschmack gründlich verkneten und 18 kirschgroße Bällchen formen. Auf einem Backblech mit Antihaftbeschichtung 15 Minuten im Ofen braten.

2. Inzwischen das Öl in einem großen Topf mit schwerem Boden erhitzen und den Kreuzkümmel einige Sekunden darin rösten, bis er zu bräunen beginnt. Gemüse, Kurkuma und Garam masala dazugeben und kurz durchrühren, um das Gemüse gleichmäßig mit Öl und Gewürzen zu bedecken.

3. Den Reis und das Wasser hinzufügen, aufkochen, einmal durchrühren und auf schwächste Hitze schalten. Zugedeckt 10 Minuten köcheln lassen.

4. Den Herd ausschalten, den Reis zugedeckt weitere 5 Minuten quellen lassen. Die Fleischbällchen aus dem Ofen nehmen.

5. Zum Servieren den Reis mit einer Gabel auflockern, die Fleischbällchen darauf verteilen und mit dem ausgetretenen Saft vom Blech beträufeln. Mit Koriandergrün garnieren.

GAJAR KI KHICHADI

Reistopf mit Karotten und Mungobohnen

Bei *khichadi* handelt es sich um ein cremiges Gericht aus Reis und geschälten, halbierten Mungobohnen, das an Risotto erinnert. Khichadi ist leicht verdaulich und gehört darum zu jeder reinigenden ayurvedischen Diät.

Für die Zubereitung benötigt man zwar ganze Gewürze, aber beim Verzehr darauf zu beißen, schätze ich gar nicht. Darum gebe ich die Gewürze in einem kugelförmigen Teesieb in den Topf. Nach dem Garen nehme ich es einfach heraus und werfe die Gewürze weg. Wer kein solches Teesieb besitzt, kann die Gewürze auch in ein Stück Musselin binden.

300 g polierter (weißer) Basmatireis, gewaschen und abgetropft
2 kleine Karotten, gewaschen, geschält und grob geraspelt
4 EL geschälte, halbierte Mungobohnen, gewaschen und abgetropft
1 EL Sonnenblumenöl
½ TL Kreuzkümmel
5 Gewürznelken, 10 schwarze Pfefferkörner und 1 Lorbeerblatt, in ein Teesieb gegeben (siehe Einleitung)
900 ml Wasser
½ TL gemahlener Kreuzkümmel
Salz

Vorbereitungszeit: 10 Minuten
Garzeit: 35 Minuten
Für 4 Personen

1. Das Öl in einem Topf mit schwerem Boden erhitzen und den Kreuzkümmel darin bei mittlerer Hitze rösten, bis er zu bräunen beginnt.

2. Reis, Mungobohnen, Karotten, Gewürze im Teesieb und Wasser hinzufügen. Kurkuma und etwas Salz hineinstreuen und die Mischung unter ständigem Rühren zum Kochen bringen.

3. Bei schwächster Hitze zugedeckt etwa 25 Minuten sachte köcheln lassen, bis der Reis gar und schön cremig ist. Den Deckel entfernen und bei Bedarf noch etwas Wasser dazugießen (der Reis sollte sehr feucht sein). Das Teesieb mit den Gewürzen entfernen. Mit Joghurt und scharfem Limetten- oder Mango-Pickle servieren

MURGH DALCHINI PULAO

Brauner Basmatireis mit Huhn und Zimt

Brauner unpolierter Naturreis besitzt noch das Silberhäutchen, das den Körnern Biss und einen feinen Nussgeschmack verleiht. Im Gegensatz zu weißem Reis enthält er mehr Ballaststoffe und viele Nährstoffe, wie etwa B-Vitamine, aber er benötigt auch eine längere Garzeit. In diesem Gericht bereite ich ihn mit Zimt zu, der in der traditionellen Medizin zur Anregung der Verdauung dient, und mit Sonnenblumensamen, die für zusätzlichen Biss und reichlich Vitamin E sorgen.

300 g unpolierter (brauner) Basmatireis, gewaschen und abgetropft
300 g Hühnerbrust ohne Haut, in 2,5 cm breite Würfel geschnitten
2 Zimtstangen (jeweils 2,5 cm lang)
2 EL Sonnenblumenöl
Je ½ TL gemahlene Kurkuma und Chilipulver
4 EL tiefgekühlte Erbsen
Salz
2 EL frisch gepresster Zitronensaft
750 ml Wasser
1 EL Sonnenblumensamen

Vorbereitungszeit: 5 Minuten
Garzeit: 35 Minuten
Für 4 Personen

1. Das Öl in einem großen Topf mit schwerem Boden erhitzen und die Zimtstangen 30 Sekunden darin bei starker Hitze rösten, bis sie aromatisch duften. Das Hühnerfleisch dazugeben und 2–3 Minuten im aromatisierten Öl anbraten.

2. Kurkuma, Chilipulver und Erbsen unterrühren, dann den Reis hinzugeben. Sachte durchrühren und mit Salz und Zitronensaft würzen.

3. Das Wasser hinzugießen und zum Kochen bringen. Bei reduzierter Hitze zugedeckt 25 Minuten köcheln lassen, bis der Reis und das Huhn gar sind. Den Herd ausschalten und den Topf zugedeckt weitere 5 Minuten stehen lassen.

4. In der Zwischenzeit eine kleine Pfanne erhitzen und die Sonnenblumensamen ohne Fett etwa 1 Minute goldgelb rösten.

5. Den Reis mit den Sonnenblumensamen bestreuen und servieren.

Ein gesunder Sonntagslunch

- Brauner Basmatireis mit Huhn und Zimt (Murgh dalchini pulao)
- Auberginen-Kichererbsen-Curry (Baingan cholay masala), Seite 87
- Spinat-Knoblauch-Raita (Palak ka raita), Seite 140
- Gedämpfte-Reis-Kokos-Päckchen (Modak), Seite 170

SAMUNDARI CHAVAL

Würziges Seafood-Reis-Medley

Bei diesem Gericht handelt es sich um eine Art indische Version von Paella – würzig-aromatisch und mit seiner Kombination aus Kohlenhydraten und Proteinen auch sehr gesund. Manchmal verwende ich dafür nur Riesengarnelen und gebe Cashewkerne für einen knackigen Biss hinzu.

150 g gemischtes Seafood (etwa Garnelen, Kalmar, Muscheln etc.)
300 g Basmatireis, gewaschen und abgetropft
3 EL Sonnenblumenöl
1 TL Kreuzkümmel
1 große Zwiebel, fein gehackt
1 TL Ingwer-Knoblauch-Paste (Seite 173)
2 kleine grüne Chilischoten, Stielansätze, Samen und Scheidewände entfernt, fein gehackt
1 TL Garam masala (Seite 173)
2 reife Tomaten, Stielansätze entfernt, grob gehackt
Salz
1 Handvoll frisches Koriandergrün, gewaschen und grob gehackt
600 ml heißes Wasser

Vorbereitungszeit: 15 Minuten
Garzeit: 25 Minuten
Für 4 Personen

1. Das Öl in einem großen Topf mit schwerem Boden erhitzen und den Kreuzkümmel darin leicht bräunen. Die Zwiebel dazugeben und bei starker Hitze in etwa 5 Minuten weich braten. Ingwer-Knoblauch-Paste und Chilischoten hinzufügen, dann vorsichtig das Seafood unterrühren.

2. Reis und Garam masala untermischen, die Tomaten und die Hälfte des Koriandergrüns dazugeben.

3. Zuletzt das heiße Wasser hinzugießen und zum Kochen bringen. Die Hitze reduzieren und die Mischung zugedeckt 10 Minuten sachte köcheln lassen.

4. Zum Servieren den Reis mit einer Gabel auflockern und das restliche Koriandergrün darüberstreuen.

MAKAI DHANIYE KI ROTI

Mais-Koriander-Brot

Maisbrot ist im Punjab im Norden Indiens sehr beliebt. Man isst es traditionell zu Senfkohl, der mit Zwiebeln, Ingwer und Knoblauch zubereitet wird. Der Teig ist relativ klebrig und reißt schnell, darum sollten Sie die Brote zwischen zwei Bögen Backpapier ausrollen und sehr vorsichtig in die heiße Pfanne geben.

225 g grobes Maismehl
100 g feines Maismehl
1 Handvoll frisches Koriandergrün, gewaschen und fein gehackt
Salz
Wasser (Menge nach Bedarf)
Vollkornweizenmehl (*atta*, in indischen Lebensmittelläden erhältlich) zum Bestauben

Vorbereitungszeit: 10 Minuten
Garzeit: 30 Minuten
Ergibt 8 Brote *(rotis)*

1. Die beiden Maismehlsorten mit dem Koriandergrün und Salz nach Geschmack in einer Schüssel vermischen. So viel Wasser unterkneten, dass ein glatter Teig entsteht. Zu 8 gleich großen Kugeln formen.

2. Einen Bogen Backpapier auf die Arbeitsfläche legen und mit etwas Vollkornmehl bestauben. Eine Teigkugel darauflegen und mit einem zweiten Bogen Backpapier bedecken. Die Teigkugel zwischen dem Backpapier zu einem runden Brot vom 10 cm Durchmesser ausrollen.

3. Eine Backplatte oder eine große flache Pfanne stark erhitzen und das Brot vorsichtig darauflegen. Darauf achten, dass der Teig nicht reißt. Das Brot 2–3 Minuten backen, bis sich auf der Oberfläche Bläschen bilden. Wenden und von der anderen Seite backen. Die fertigen Rotis sollten auf beiden Seiten reichlich gebräunte Stellen aufweisen.

4. Die gebackenen Rotis zum Warmhalten in Alufolie wickeln und die restlichen Teigkugeln ebenso ausrollen und backen.

NAAN

Gebackenes Hefebrot

Obwohl *naans* traditionell im Lehmofen, dem sogenannten *tandoor*, gebacken werden, können Sie diese Variante auch im ganz normalen Backofen herstellen. Der Teig enthält Hefe und muss erst einige Zeit gehen, darum dauert die Zubereitung auch länger als bei *parathas* oder Rotis. Ist der Teig jedoch erst einmal aufgegangen, lassen sich Naans ganz leicht ausrollen und backen.

1 TL Trockenhefe
160 ml warmes Wasser
1 TL Zucker
380 g Mehl, mit 1 gestrichenen TL Backpulver vermischt
Salz
2 EL Sonnenblumenöl
30 ml fettarmer Joghurt

Vorbereitungszeit: 20 Minuten (+ 1 ½ Stunden zum Aufgehen)
Garzeit: 20 Minuten
Ergibt 12 Brote

1. Wasser, Hefe und Zucker in einer kleinen Schüssel verquirlen, damit sich die Hefe auflöst, und 5 Minuten stehen lassen.

2. Mehl und etwas Salz in eine große Schüssel sieben. Hefemischung, Öl und Joghurt hinzufügen und alles mit den Händen zu einem weichen Teig verarbeiten. Auf eine bemehlte Arbeitsfläche geben und 5 Minuten kneten, bis ein glatter Teig entsteht.

3. Den Teig zu einer Kugel formen und in eine gefettete Schüssel geben. Mit Klarsichtfolie bedecken und an einem warmen Ort 1 ½ Stunden aufgehen lassen, bis sich das Teigvolumen verdoppelt hat.

4. Den Backofen auf 200 °C oder einen Elektrogrill auf höchster Stufe vorheizen. Den aufgegangenen Teig mit der Faust flach drücken und auf der bemehlten Arbeitsfläche einige Minuten kräftig kneten. 12 gleich große Kugeln formen und diese zu flachen runden Broten von 15 cm Durchmesser ausrollen. Damit die Brote nicht an der Arbeitsfläche haften bleiben, diese immer wieder mit Mehl bestauben.

5. Ein Backblech einfetten und die Naans darauf verteilen. Im heißen Ofen 10 Minuten oder unter dem heißen Grill von beiden Seiten jeweils 2 Minuten backen, bis sie schön aufgegangen sind

DANEDAR ROTI

Saatenbrot

In einem meiner Kochkurse wurde ich einmal kurzfristig gebeten, Rotis (traditionelles indisches Fladenbrot) zu backen. Doch das einzige Mehl, das ich zur Verfügung hatte, war Vollkornmehl für Saatenbrot. Also begann ich damit zu experimentieren, und die Rotis waren so köstlich, dass ich dafür nun oft dieses Mehl verwende. Wer es nicht im Handel bekommt, kann einfach einen Esslöffel verschiedene zerstoßene Samen unter ganz gewöhnliches Vollkornmehl mischen.

450 g Vollkornmehl für Saatenbrot
Lauwarmes Wasser (Menge nach Bedarf)
1 TL Sonnenblumenöl, plus etwas mehr zum Bestreichen

Vorbereitungszeit: 10 Minuten
Garzeit: 30 Minuten
Ergibt 10 Rotis

1. Das Mehl und so viel lauwarmes Wasser mit den Händen verarbeiten, dass ein elastischer Teig entsteht. Auf einer Arbeitsfläche 5 Minuten kneten. (Je länger man den Teig knetet, desto weicher werden die Rotis.) 1 Teelöffel Öl darüberträufeln und unterkneten.

2. Den Teig in 10 gleich große Portionen teilen. Leicht mit Mehl bestauben, zu Kugeln formen und etwas flach drücken.

3. Zu flachen runden Broten von 10 cm Durchmesser ausrollen. Falls nötig, die Arbeitsfläche mit Mehl bestauben.

4. Eine Backplatte oder eine große flache Pfanne stark erhitzen. Die Rotis nacheinander darauf backen. Dabei erst wenden, wenn sich auf der Oberfläche Bläschen bilden. Damit sie gleichmäßig backen, die Ränder mit einem Löffel nach unten drücken. Die Rotis sind fertig, wenn sich auf der Unterseite dunkle Stellen bilden. Nach Belieben leicht mit Öl bestreichen und in Alufolie warm halten.

PALAK ROTI

Fladenbrot mit Spinat

Rotis, die in einigen Teilen des Landes auch *chapatti* heißen, werden in den meisten indischen Haushalten täglich gebacken. Größe und Konsistenz der Fladenbrote variieren von Region zu Region. Im Norden Indiens sind sie relativ dick, während man in Gujarat, im Westen des Landes mit seiner feinen Küche, eine kleinere und dünnere Variante kennt. Den Grundteig kann man mit verschiedenen aromatischen und nahrhaften Zutaten verfeinern.

450 g Vollkornweizenmehl (Atta, in indischen Lebensmittelläden erhältlich)
2 Handvoll frischer Spinat, gewaschen, gegart und im Mixer püriert
Lauwarmes Wasser (nach Bedarf)
1 TL Sonnenblumenöl, plus etwas mehr zum Bestreichen

Vorbereitungszeit: 10 Minuten
Garzeit: 25 Minuten
Ergibt 12 Rotis

1. Mehl und Spinat in einer Schüssel mit so viel lauwarmem Wasser verarbeiten, dass ein elastischer Teig entsteht. 5 Minuten kneten, das Öl hinzufügen und weiterkneten. (Je länger man den Teig knetet, desto weicher werden die Rotis.)

2. Den Teig in 12 gleich große Portionen teilen und leicht mit Mehl bestauben. Zu Kugeln formen, etwas flach drücken und zu flachen Kreisen von 10 cm Durchmesser ausrollen.

3. Eine Backplatte oder eine große flache Pfanne stark erhitzen. Die Rotis nacheinander backen. Dabei erst wenden, wenn sich auf der Oberfläche Bläschen und auf der Unterseite dunkle Stellen bilden. Damit die Rotis gleichmäßig backen, die Ränder mit einem Löffel nach unten drücken.

4. Die fertigen Rotis nach Belieben mit Öl bestreichen und in Alufolie warm halten, bis alle Brote gebacken sind.

Ein schnelles Abendessen für die Familie

- Fladenbrot mit Spinat (Palak roti)
- Rote Bete mit Kidneybohnen (Chukandar ki subzi), Seite 91
- Koriander-Erdnuss-Chutney (Dhaniye ki chutney), Seite 149

KHEEME KE PARATHE

Indisches Brot mit Lammfüllung

In Nordindien schätzt man Brote mit verschiedenen vegetarischen Füllungen, etwa mit würzigen Kartoffeln, Blumenkohl, Rüben und Mooli (Daikonrettich). Lamm-Paratha hat einen sehr viel kräftigeren Geschmack und ist eine beliebte Spezialität aus dem Bundesstaat Kerala im Süden des Landes.

FÜR DIE FÜLLUNG:
150 g mageres gehacktes Lammfleisch
1 EL Sonnenblumenöl
½ TL Kreuzkümmel
1 TL Ingwer-Knoblauch-Paste (Seite 173)
2 frische grüne Chilischoten, Stielansätze entfernt, fein gehackt
½ TL gemahlene Kurkuma
½ TL Garam masala (Seite 173)
Salz
2 EL frisches Koriandergrün, gewaschen und fein gehackt

FÜR DAS BROT:
450 g Vollkornweizenmehl (Atta, in indischen Lebensmittelläden erhältlich)
2 EL Sonnenblumenöl, plus etwas mehr zum Backen
Salz
Wasser (nach Bedarf)

Vorbereitungszeit: 20 Minuten
Garzeit: 45 Minuten
Ergibt 8 Parathas

1. Für die Füllung 1 Esslöffel Öl in einem Topf mit schwerem Boden erhitzen und den Kreuzkümmel darin rösten, bis er leicht gebräunt ist. Ingwer-Knoblauch-Paste, Chilischoten, Lammfleisch, Kurkuma, Garam masala und etwas Salz hinzugeben und unter Rühren 2–3 Minuten kräftig anbraten. Sobald die Mischung zu kochen beginnt, die Hitze reduzieren. Zugedeckt 15 Minuten sachte köcheln lassen. Ist das Fleisch gar, den Deckel entfernen und die Flüssigkeit bei starker Hitze einkochen lassen. Das Koriandergrün unterrühren und den Topf beiseitestellen.

2. Für den Teig das Mehl mit 2 Esslöffeln Öl und einer Prise Salz vermischen. Mit ausreichend Wasser zu einem festen Teig verarbeiten und kneten, bis er schön glatt ist.

3. In 16 gleich große Kugeln formen und jeweils zu einem flachen Kreis von 8 cm Durchmesser ausrollen. Die Arbeitsfläche dafür mit Mehl bestauben, damit der Teig nicht haften bleibt.

4. Zum Füllen einen gehäuften Esslöffel der Fleischmischung auf einen Teigkreis geben und bis zum Rand verstreichen. Einen weiteren Teigkreis daraufsetzen. Die Ränder fest zusammendrücken, um die Parathas zu verschließen. Mit den übrigen Zutaten ebenso verfahren.

5. Eine Backplatte oder eine große flache Pfanne stark erhitzen und wenig Öl darin verteilen. Die Parathas von beiden Seiten je 2–3 Minuten backen, bis sich auf der Unterseite jeweils kleine dunkle Stellen zeigen. Zum Warmhalten in Alufolie wickeln und die restlichen Brote backen. Dazu übrig gebliebene Füllung reichen.

BAJRE KE PARATHE

Hirse-Paratha mit Kartoffel-Koriander-Füllung

Die kleinen Hirsekörner werden in Indien zu Mehl vermahlen und zum Brotbacken verwendet. Das Mehl ist reich an Eiweiß und viel gröber als Vollkornmehl aus Weizen, und so bekommt das Brot mehr Biss. Hirsemehl und Atta (Vollkornweizenmehl) bekommen Sie in indischen Lebensmittelläden.

Zum Formen der Parathas verwende ich ein Stück Plastikfolie oder einen Gefrierbeutel. So kann ich den Teig flach drücken, ohne dass er an der Arbeitsfläche haftet. Besonders gut schmecken die Parathas übrigens mit Joghurt.

150 g Hirsemehl
150 g Vollkornweizenmehl (Atta)
200 ml Wasser
2 mittelgroße Kartoffeln, mit der Schale gegart, gepellt und zerdrückt
1 Handvoll frisches Koriandergrün, gewaschen und fein gehackt
Salz
Frisch gepresster Saft von 1 Zitrone
½ TL gemahlener Kreuzkümmel
Sonnenblumenöl zum Bestreichen

Vorbereitungszeit: 10 Minuten
Garzeit: 40 Minuten
Ergibt 8 Parathas

1. Die beiden Mehlsorten in einer großen Schüssel vermischen und eine Mulde in die Mitte drücken. Das Wasser hineingießen, alles zu einem weichen Teig verarbeiten und etwa 5 Minuten kneten.

2. Für die Füllung Koriandergrün, Kartoffeln, Salz, Zitronensaft und Kreuzkümmel in einer zweiten Schüssel gründlich vermischen. In 8 Portionen teilen.

3. Aus dem Teig 8 gleich große Kugeln formen. Die Arbeitsfläche mit einem Stück sauberer Plastikfolie bedecken und eine Teigkugel daraufsetzen. Den Teig mit angefeuchteten Händen zu einem Kreis von 10 cm Durchmesser flach drücken. Eine Portion Füllung in die Mitte geben, den Teigrand über die Füllung legen und zum Verschließen darüber zusammendrücken.

4. Den gefüllten Teig auf einer bemehlten Arbeitfläche sachte zu einem Kreis (15 cm Durchmesser) ausrollen.

5. Eine Backplatte oder eine große flache Pfanne stark erhitzen. Die Parathas darauf von beiden Seiten je 3–4 Minuten backen. Damit sie gleichmäßig backen, vor allem die Ränder mit einem Löffel auf die heiße Fläche drücken.

6. Die gebackenen Parathas leicht mit Öl bestreichen und zum Warmhalten in Alufolie wickeln.

BESAN KI ROTI

Pfannkuchen aus Kichererbsenmehl

Kichererbsenmehl verwendet man in Indien vor allem zum Eindicken einiger Currys und für einen dünnflüssigen Teig, in dem Gemüse oder Fisch frittiert wird. Es enthält reichlich Kohlenhydrate, jedoch kein Gluten, und ist somit die ideale Zutat für alle, die eine Glutenallergie haben. Ich liebe diese Pfannkuchen, denn sie lassen sich leicht zubereiten, sind wunderbar sättigend und schmecken ohne weitere Beigaben.

200 g Kichererbsenmehl (in asiatischen Lebensmittelläden erhältlich)
1 kleine Zwiebel, fein gehackt
1 reife Tomate, Stielansatz entfernt, fein gehackt
2 EL frisches Koriandergrün, gewaschen und fein gehackt
½ grüne Paprikaschote, Stielansatz, Samen und Scheidewände entfernt, fein gewürfelt
50 g Weißkohl, grob gehobelt
¼ TL gemahlener Kreuzkümmel
Salz
Wasser (nach Bedarf)
Etwas Sonnenblumenöl zum Backen

Vorbereitungszeit: 15 Minuten
Garzeit: 15 Minuten
Ergibt 8 Pfannkuchen

1. Zwiebel, Tomate, Koriandergrün, Paprika, Kohl, Kreuzkümmel, Kichererbsenmehl und etwas Salz gründlich in einer Schüssel vermischen. Nach und nach so viel Wasser unterrühren, dass ein dickflüssiger Teig entsteht.

2. Eine Backplatte oder eine große flache Pfanne stark erhitzen und etwas Öl darin verteilen. Einen Esslöffel Teig hineingießen und mit dem Löffel zu einem Pfannkuchen von 10 cm Durchmesser verstreichen. In 2–3 Minuten von einer Seite goldgelb backen, wenden und mit etwas zusätzlichem Öl von der anderen Seite backen. Zum Warmhalten in Alufolie wickeln und die restlichen Pfannkuchen backen.

THALIPEETH

Würziges Fladenbrot

Hierbei handelt es sich um besonders nahrhaftes Fladenbrot, das man im indischen Bundesstaat Maharashtra traditionell aus *bhajani* bereitet, einer Mischung verschiedener Mehlsorten, einschließlich Hirse. Die Rotis isst man meist mit Joghurt, sie passen aber auch zu Currys und anderen Gemüsegerichten.

300 g verschiedene Mehlsorten, einschließlich Kichererbsenmehl *(besan)*, Reismehl, Vollkornweizenmehl (Atta) und Grieß zu gleichen Teilen
½ TL gemahlener Kreuzkümmel
1 mittelgroße Zwiebel, fein gehackt
2 frische grüne Chilischoten, sehr fein gehackt
1 Handvoll frisches Koriandergrün, gewaschen und fein gehackt
Wasser (nach Bedarf)
Sonnenblumenöl zum Bestreichen

Vorbereitungszeit: 10 Minuten
Garzeit: 25 Minuten
Ergibt 8 Rotis

1. Mehlsorten, Kreuzkümmel, Zwiebel, Chilischoten und frisches Koriandergrün in einer Schüssel mit ausreichend Wasser zu einem festen Teig vermischen und kneten, bis er schön glatt ist. Zu 8 gleich großen Kugeln formen, mit Mehl bestauben.

2. Ein Stück Backpapier auf der Arbeitsfläche ausbreiten und mit Mehl bestreuen. Eine Teigkugel daraufgeben, mit einem zweiten Stück Backpapier belegen und zu einem Kreis (10 cm Durchmesser) ausrollen.

3. Eine Backplatte oder große flache Pfanne erhitzen, den Teigkreis daraufgeben und mehrfach mit einer Gabel einstechen, damit er gleichmäßig bäckt. Die Oberfläche mit Öl bestreichen. Von beiden Seiten je 2–3 Minuten backen, bis sich braune Stellen zeigen.

4. In Alufolie warm halten und die übrigen Rotis backen.

Zwei
Indische Currys

Zu fast jedem indischen Essen gehört auch ein Curry, und die gesündesten Currys entstehen meiner Meinung nach zu Hause, wo man sie selbst zubereitet. Darum verwende ich auch keine fertigen Pasten, denn da weiß ich nie genau, woraus sie bestehen. Die meisten Currys lassen sich ohnehin schnell und unkompliziert zubereiten. Was man beachten sollte, habe ich im Folgenden für Sie zusammengestellt.

Ganz wichtig ist die richtige Konsistenz. Ein gutes Curry sollte relativ dick sein, damit es sich mit dem dazu gereichten Brot oder Reis gut verbindet. Man sollte also zu Beginn nie zu viel Wasser hinzufügen und nach dem Aufkochen der Sauce die Hitze reduzieren, damit das Curry auch nicht zu trocken wird.

Die Farbe ist ebenfalls wichtig. Kurkuma, rote Chilischoten, Tomaten und Garam masala sind nur einige der Zutaten, die einem Curry Farbe verleihen. Außerdem sorgen sie für Geschmack und Aroma, und oft haben sie wohltuende, heilende Eigenschaften. Alle Gewürze fördern die Verdauung.

Je nach Region unterscheiden sich die Zubereitungsmethoden. In Nordindien wird zum Beispiel zuerst das Öl erhitzt, dann gibt man die ganzen Gewürze hinzu, damit sie ihr Aroma entfalten. Es folgen Zwiebeln, Ingwer, Knoblauch und Tomaten, dann die gemahlenen Gewürze, die nun nicht anbrennen können. Jetzt kommt die Hauptzutat, etwas Salz und schließlich Wasser für die richtige Konsistenz.

Currys werden Schritt für Schritt zubereitet. Doch die einzelnen Arbeitsschritte lassen sich vielfältig variieren – das Ergebnis sind immer wieder neue wunderbare Gerichte.

Fleischcurrys

In Indien begegnet man nahezu allen Weltreligionen, doch die meisten Inder sind Hindus, die aus religiösen Gründen kein Rindfleisch essen – Kühe gelten als heilige Tiere. Aber nicht alle Hindus ernähren sich vegetarisch, da die Zugehörigkeit zu einer bestimmten Kaste und Gemeinschaft ebenfalls Einfluss auf die Ernährung hat. So aßen einige meiner strenggläubigen brahmanischen Vorfahren durchaus Fisch, denn sie lebten in der Nähe der Küste bei Goa.

Die meisten Inder, die sich nicht vegetarisch ernähren, essen allerdings nur ein- bis zweimal pro Woche Fisch oder Fleisch, denn das ist günstiger, und zudem gibt es eine so reiche Auswahl an Gemüse, Hülsenfrüchten und Milchprodukten. Aus Respekt gegenüber der muslimischen Bevölkerung ist auch Schweinefleisch nicht sehr beliebt.

Die bevorzugten indischen Fleischgerichte enthalten Huhn oder Hammel, in den Bergregionen auch Lamm. Sämtliche Gerichte in diesem Kapitel werden mit Lammfleisch zubereitet.

Ayurvedisches Wissen

Lammfleisch soll eine störende Wirkung auf alle drei Doshas haben, und damit es richtig verdaut wird, muss man es unbedingt mit Früchten, Gewürzen, Gemüse und Hülsenfrüchten kombinieren, die das Feuer der Verdauung (Agni) entfachen und im Körper Energie erzeugen.

DHANSAK

Lamm mit gelben Linsen und Gemüse

Hierbei handelt es sich um ein typisches Parsen-Gericht, das traditionell zu braunem Reis mit Karamell-Zwiebel-Aroma gegessen wird. *Dhan* bedeutet Reis, und als *sak* bezeichnet man die Kombination von Lamm und Hülsenfrüchten. Zwar benötigt man eine Reihe von Zutaten für Dhansak, aber die meisten davon sind problemlos erhältlich. Flaschenkürbisse beispielsweise bekommt man in den meisten asiatischen und indischen Lebensmittelläden. Wer jedoch nicht fündig wird, kann stattdessen Zucchini verwenden. Die Zubereitung des Gerichts ist dann ganz einfach – man gibt die Zutaten in einen Topf und lässt sie 40 Minuten köcheln.

300 g mageres Lammfleisch ohne Knochen, pariert und in 2,5 cm breite Würfel geschnitten
150 g geschälte, halbierte gelbe Linsen *(toor dal)*
150 g Tomaten, Stielansätze entfernt, grob gehackt
150 g Flaschenkürbis *(doodhai)* oder Zucchini, fein gehackt
4 EL orangefarbenes Kürbisfleisch, fein gehackt
2 große Zwiebeln, fein gehackt
1 kleine Handvoll frisches Bockshornkleegrün, fein gehackt
1 Handvoll frische Korianderblätter, fein gehackt
1 Handvoll frische Minzeblätter, fein gehackt
1 TL gemahlene Kurkuma
1 TL Chilipulver
Salz
4 EL destillierter Essig
1 EL Sonnenblumenöl
1 TL Kreuzkümmel

Vorbereitungszeit: 30 Minuten
Garzeit: 1 Stunde
Für 4 Personen

1. Sämtliche Zutaten bis auf den Essig, das Sonnenblumenöl und den Kreuzkümmel in einen großen Topf mit schwerem Boden füllen. Mit 450 Millilitern Wasser bedecken und unter ständigem Rühren zum Kochen bringen. Die Hitze reduzieren und die Mischung 40 Minuten köcheln lassen, bis das Fleisch gar ist und die Linsen weich sind.

2. Gemüse und Linsen mit einem Holzlöffel leicht zerdrücken, die Fleischstücke jedoch intakt lassen. Den Essig unterrühren.

3. Das Öl in einer kleinen Pfanne erhitzen. Den Kreuzkümmel darin bei mittlerer Hitze leicht rösten und mit dem Öl über das Curry gießen.

BADAMI BAINGAN GOSHT

Lamm-Auberginen-Curry mit Mandeln

Dieses wärmende Curry ist genau das Richtige, wenn Sie einen kleinen Energieschub benötigen. Im Ayurveda gelten Mandeln als wärmend und stärkend. Ich kombiniere sie hier mit Auberginen, die einen bitteren Geschmack (Rasa) haben und in der ayurvedischen Küche meist nicht gesalzen und entwässert werden. Denn ihren bitteren Saft benötigt man für den harmonischen Ausgleich der anderen Geschmackselemente dieses Currys (siehe Seite 12). Da die Haut von Mandeln eher schwer verdaulich ist, enthäute ich die Mandeln für viele meiner Gerichte. Man gibt sie für etwa eine halbe Stunde in heißes Wasser und zieht die Haut dann einfach mit den Fingern ab.

600 g mageres Lammfleisch ohne Knochen, pariert und in 2,5 cm breite Würfel geschnitten
1 große Aubergine, in 2,5 cm breite Würfel geschnitten
4 EL ganze Mandeln, enthäutet (siehe Einleitung) und im Mörser grob zermahlen
2 mittelgroße Zwiebeln, grob gehackt
1 Stück frischer Ingwer (2,5 cm), Haut abgeschabt
4 Knoblauchzehen
2 EL Sonnenblumenöl
1 EL Garam masala (Seite 173)
1 TL gemahlene Kurkuma
1 TL Chilipulver
Salz
300 ml fettarmer Joghurt

Vorbereitungszeit: 15 Minuten
Garzeit: 45 Minuten
Für 4 Personen

1. Zwiebeln, Ingwer und Knoblauch mit 2–3 Esslöffeln Wasser im Mixer zu einer glatten Paste pürieren.

2. Das Öl in einem großen Topf mit schwerem Boden (oder einem Kadhai) stark erhitzen und das Fleisch darin rundum braun anbraten.

3. Die Zwiebel-Ingwer-Paste hinzufügen. Unter Rühren 10 Minuten schwach erhitzen, bis die Zwiebeln gar sind. Die Mandeln und Auberginen dazugeben.

4. Die gemahlenen Gewürze und das Salz darüberstreuen, 150 Milliliter Wasser unterrühren. Unter ständigem Rühren zum Kochen bringen und das Curry 30 Minuten köcheln lassen, bis das Fleisch gar ist und die Auberginenwürfel zerfallen sind.

5. Vom Herd nehmen und den Joghurt unterziehen.

KHEEMA GUCCHI MUTTER

Gehacktes Lammfleisch mit Pilzen und Erbsen

Für dieses Gericht verwende ich gern junge Champignons mit festem Fleisch und angenehmem Biss. Bleibt etwas vom Curry übrig, können Sie es zu einem Wrap in frisches Fladenbrot wickeln, aber auch zu Pasta oder Ofenkartoffeln genießen.

300 g mageres gehacktes Lammfleisch
150 g frische Champignons, geputzt und grob gehackt
150 frische gepalte Gartenerbsen oder Tiefkühlerbsen
1 EL Sonnenblumenöl
1 mittelgroße Zwiebel, fein gehackt
2 TL Ingwer-Knoblauch-Paste (Seite 173)
2 EL Tomatenmark
½ TL Chilipulver
½ TL gemahlene Kurkuma
½ TL gemahlener Koriander
1 TL Garam masala (Seite 173)
Salz
2 EL frisches Koriandergrün, fein gehackt

Vorbereitungszeit: 5 Minuten
Garzeit: 25 Minuten
Für 4 Personen

1. Das Öl in einem Topf mit schwerem Boden (oder einem Kadhai) erhitzen und die Zwiebel darin bei starker Hitze braten, bis sie weich ist und gerade goldbraun wird.

2. Die Ingwer-Knoblauch-Paste und das Tomatenmark einrühren und 1 Minute dünsten.

3. Lammfleisch, Erbsen, Pilze, gemahlene Gewürze und etwas Salz dazugeben und gründlich durchrühren. Wenn die Mischung zu kochen beginnt, die Hitze reduzieren. Zugedeckt etwa 15 Minuten leicht köcheln lassen, bis das Fleisch gar ist.

4. Mit frischem Koriandergrün garniert heiß servieren.

METHI GOSHT

Lammfleisch mit Bockshornklee

Ich liebe das frische Grün von Bockshornklee mit seinem süßlich-bitteren Geschmack und dem intensiven Curryaroma, das noch dazu viel Kalzium enthält. Das frische Grün bekommen Sie im Bund in den meisten indischen Lebensmittelläden. Verwendet werden die Blätter mit den zarten Stielen, die Stängel wirft man weg.

600 g mageres Lammfleisch ohne Knochen, pariert und in 2,5 cm breite Würfel geschnitten
2 Handvoll frisches Bockshornkleegrün, gewaschen und fein gehackt (siehe Einleitung) oder 2 EL getrocknete Bockshornkleeblätter
2 EL Sonnenblumenöl
2 mittelgroße Zwiebeln, grob gehackt
2 TL Ingwer-Knoblauch-Paste (Seite 173)
1 reife Tomate, Stielansatz entfernt, grob gehackt
1 EL Tomatenmark
2 frische grüne Chilischoten, Stielansätze entfernt, sehr fein gehackt
Salz
Je 1 TL gemahlene Kurkuma, gemahlener Koriander, gemahlener Kreuzkümmel und Garam masala (Seite 173)

Vorbereitungszeit: 15 Minuten
Garzeit: 40 Minuten
Für 4 Personen

1. In einer Pfanne 1 Esslöffel Öl erhitzen und die Zwiebeln darin bei starker Hitze 5 Minuten braten, bis sie leicht bräunen. Ingwer-Knoblauch-Paste, gehackte Tomaten, Tomatenmark und Chilischoten dazugeben und einige Minuten mitbraten. In einen Mixer füllen und mit 2–3 Esslöffeln Wasser fein pürieren.

2. Inzwischen 1 weiteren Esslöffel Öl in einem Topf mit schwerem Boden erhitzen und das Fleisch darin 2–3 Minuten kräftig anbraten. Bockshornkleegrün, etwas Salz und die gemahlenen Gewürze gut untermischen.

3. Das Püree aus dem Mixer zum Fleisch geben und so viel Wasser hinzugießen, dass das Fleisch gerade bedeckt ist. Unter Rühren aufkochen. Zugedeckt bei schwacher Hitze 30 Minuten köcheln lassen, bis das Fleisch gar ist.

DAL GOSHT

Pikantes Lammcurry mit Kichererbsen

Das Gericht stammt aus Hyderabad und wird dort traditionell mit reichlich Ghee (geklärter Butter) und vielen Gewürzen zubereitet. Ich habe das Rezept allerdings etwas vereinfacht – es lässt sich jetzt leichter zubereiten und ist zudem gesünder. Die cremigen Kichererbsen harmonieren bestens mit dem Lamm und liefern Proteine, Kohlenhydrate und Ballaststoffe.

- 600 g mageres Lammfleisch ohne Knochen, pariert und in 2,5 cm breite Würfel geschnitten
- 150 g geschälte, halbierte Kichererbsen *(channa dal)*
- 2 EL Sonnenblumenöl
- 2 große Zwiebeln, fein gehackt
- 2 TL Ingwer-Knoblauch-Paste (Seite 173)
- 2 frische grüne Chilischoten, Stielansätze entfernt, fein gehackt
- 3 reife Tomaten, Stielansätze entfernt, grob gehackt
- 1 TL gemahlene Kurkuma
- 1 TL gemahlener Koriander
- 1 TL Garam masala (Seite 173)
- Salz
- 3 TL frisch gepresster Zitronensaft
- 1 kleine Handvoll frisches Koriandergrün, gewaschen und fein gehackt

Vorbereitungszeit: 10 Minuten
Garzeit: 50 Minuten
Für 4 Personen

1. Die Kichererbsen in einem Topf mit der doppelten Menge Wasser bedecken. Zum Kochen bringen, die Hitze reduzieren und Kichererbsen 30 Minuten köcheln lassen, bis sie cremig sind.

2. In der Zwischenzeit 1 Esslöffel Öl in einem Topf mit schwerem Boden erhitzen und die Zwiebeln darin bei starker Hitze leicht bräunen. Ingwer-Knoblauch-Paste, Chilischoten und Tomaten dazugeben und 3 Minuten garen, bis die Tomaten zerfallen. Die Mischung in einen Mixer füllen und mit etwa 4 Esslöffeln Wasser zu einer feinen Paste pürieren.

3. In einem weiteren Topf mit schwerem Boden noch 1 Esslöffel Öl erhitzen und das Fleisch darin bei starker Hitze anbraten. Die gemahlenen Gewürze und etwas Salz hinzufügen.

4. Die Paste aus dem Mixer hinzugeben und mit 300 Millilitern Wasser aufgießen. Aufkochen und bei reduzierter Hitze 30 Minuten leicht köcheln lassen, bis das Fleisch zart ist. Falls das Curry zu trocken wird, noch etwas Wasser hinzugießen.

5. Die gegarten Kichererbsen gründlich untermischen. Zuletzt den Zitronensaft und das Koriandergrün unterrühren.

MASALE KE KOFTE

Fleischbällchen in Fenchel-Ingwer-Curry

Fenchel werden im Ayurveda kühlende und süße Eigenschaften zugeschrieben, und nach einem Essen kaut man die Samen gern zur Förderung der Verdauung. Fenchel soll übrigens bei vielen Beschwerden helfen.

600 g gehacktes Lammfleisch
2 TL Fenchelsamen
1 Stück frischer Ingwer (2,5 cm), Haut abgeschabt
3 Knoblauchzehen, geschält und fein gerieben
Salz
2 EL Sonnenblumenöl
2 mittelgroße Zwiebeln, fein gehackt
1 frische grüne Chilischote, Stielansatz entfernt
1 TL gemahlene Kurkuma
1 TL Garam masala (Seite 173)
3 EL fettarmer Joghurt

Vorbereitungszeit: 10 Minuten
Garzeit: 30 Minuten
Für 4 Personen

1. Die Fenchelsamen in einer kleinen Pfanne bei schwacher Hitze ohne Fett rösten, bis sie zu bräunen beginnen. Im Mörser zu Pulver zermahlen.

2. Fleisch, Knoblauch, Salz und die Hälfte des Fenchelpulvers in einer Schüssel mischen, kirschgroße Bällchen formen.

3. Für die Currysauce das Öl in einem Topf mit schwerem Boden erhitzen und die Zwiebeln darin bei starker Hitze weich braten. Ingwer und Chilischote fein hacken, zu den Zwiebeln geben und noch 1 Minute braten. Im Mixer mit 4–5 Esslöffeln Wasser fein pürieren. Kurkuma, Garam masala und das übrige Fenchelpulver dazugeben.

4. Einen Topf mit Antihaftbeschichtung bei mittlerer Temperatur erhitzen, die Fleischbällchen hineingeben und die Currysauce hinzugießen (falls nötig, mit etwas Wasser verdünnen). Mit Salz abschmecken.

5. Die Currysauce aufkochen und die Fleischbällchen vorsichtig wenden, sodass sie rundum garen. Bei reduzierter Hitze zugedeckt etwa 15 Minuten köcheln lassen, bis die Bällchen gar sind. Vom Herd nehmen, den Joghurt unterrühren.

NARIYALWALA GOSHT

Lammcurry mit Kokosmilch und Curryblättern

Wegen ihres hohen Gehalts an Vitaminen und Mineralstoffen werden Curryblätter im Ayurveda sehr geschätzt. So sind sie zum Beispiel reich an Karotin, Vitamin C, Zink und Magnesium. Am besten isst man sie frisch, allerdings werden die Blätter meist getrocknet angeboten.

600 g mageres Lammfleisch ohne Knochen, pariert und in 2,5 cm breite Würfel geschnitten
50 ml Kokosmilch
1 kleine Handvoll frische oder getrocknete Curryblätter
2 EL Sonnenblumenöl
1 TL Koriander
2 mittelgroße Zwiebeln, grob gehackt
2 TL Ingwer-Knoblauch-Paste (Seite 173)
6 getrocknete rote Chilischoten, Stielansätze und Samen entfernt, in lauwarmem Wasser eingeweicht
1 TL gemahlene Kurkuma
1 TL Garam masala (Seite 173)
Salz
Frisch gepresster Saft von 1 Zitrone

Vorbereitungszeit: 10 Minuten
Garzeit: 50 Minuten
Für 4 Personen

1. In einer Pfanne 1 Esslöffel Öl erhitzen und den Koriander darin rösten, bis er zu bräunen beginnt. Die Zwiebeln dazugeben und bei starker Hitze in 5 Minuten weich braten.

2. Curryblätter und Ingwer-Knoblauch-Paste unterrühren. Die Chilischoten abgießen und einige Minuten mitbraten, bis sie weich werden. Die Mischung im Mixer mit einigen Esslöffeln Wasser fein pürieren.

3. Das restliche Öl in einem Topf mit schwerem Boden erhitzen. Das Fleisch hineingeben und bei starker Hitze rundum anbraten, dann die gemahlenen Gewürze und etwas Salz dazugeben.

4. Die Mischung aus dem Mixer und so viel Wasser hinzufügen, dass das Fleisch gerade bedeckt ist. Unter ständigem Rühren aufkochen, dann zugedeckt bei schwacher Hitze etwa 30 Minuten köcheln lassen, bis das Fleisch gar ist. Den Zitronensaft unterrühren.

5. Zuletzt die Kokosmilch einrühren und das Curry nochmals heiß werden lassen.

GOSHT KA KORMA

Lamm in Cashewnuss-Curry

Cashewnüsse sind reich an Ballaststoffen und Proteinen sowie einfach gesättigten Fettsäuren, und sie enthalten kein Cholesterin. Allerdings sind sie auch sehr kalorienhaltig – bei etwa 100 Gramm Cashewnüssen können es bis zu 600 Kalorien sein!

600 g mageres Lammfleisch ohne Knochen, pariert und in 2,5 cm breite Stücke geschnitten
100 g ungesalzene Cashewnüsse, mit etwas Wasser im Mixer zu einer Paste zermahlen
2 mittelgroße Zwiebeln, grob gehackt
3 TL Ingwer-Knoblauch-Paste (Seite 173)
2 frische grüne Chilischoten, Stielansätze entfernt, fein gehackt
150 ml fettarmer Joghurt
Salz
3 EL Sonnenblumenöl
1 TL gemahlener Koriander
1 TL gemahlener Kreuzkümmel
1 TL Garam masala (Seite 173)
50 ml Kokosmilch

Vorbereitungszeit: 10 Minuten (+ 15 Minuten zum Marinieren)
Garzeit: 50 Minuten
Für 4 Personen

1. Zwiebeln, Ingwer-Knoblauch-Paste und Chilischoten mit 3–4 Esslöffeln Wasser im Mixer fein pürieren. In einer großen Schüssel mit dem Joghurt und etwas Salz verrühren. Die Fleischwürfel dazugeben, gleichmäßig untermischen und 15 Minuten marinieren lassen.

2. Das Öl in einem großen Topf mit schwerem Boden erhitzen. Das Lammfleisch aus der Marinade nehmen und in den Topf geben. Unter Rühren bei starker Hitze anbraten, dann die gemahlenen Gewürze dazugeben.

3. Die Marinade dazugießen und 120 Milliliter Wasser hinzufügen. Unter ständigem Rühren zum Kochen bringen. Die Hitze reduzieren und das Curry zugedeckt etwa 30 Minuten leicht köcheln lassen, bis das Fleisch gar ist.

4. Zuletzt die Cashew-Paste und die Kokosmilch einrühren und das Curry nochmals heiß werden lassen.

Hühnercurrys

Huhn ist ein hervorragender Proteinlieferant, und es enthält alle essentiellen Aminosäuren, die der Körper nicht selbst herstellen kann. Verzichtet man auf die Haut, eignet sich Hühnerfleisch hervorragend zum Abnehmen. Es ist reich an Niacin, einem wichtigen B-Vitamin, aber auch an Mineralstoffen wie Selen und Phosphor.

Ayurvedisches Wissen

Weißes Fleisch wird von den Energietypen Vata und Pitta vertragen, bei Kapha hingegen kann es reizend wirken. Huhn ist leicht und süß, besitzt stopfende Eigenschaften und gilt als wärmendes Fleisch.

MURGH MASALA PANKHARI

Hühnerflügel in Pfeffer-Kreuzkümmel-Sauce

Pfeffer hat den Gang der Geschichte beeinflusst, und er diente schon lange zum Würzen von Currys, ehe die Portugiesen den Chili nach Indien brachten. Das aromatisch-scharfe Gewürz regt den Appetit an, kann Blähungen lindern und wurde in Indien seit jeher wegen seiner verdauungsfördernden Wirkung geschätzt. Ich kombiniere es hier mit Kreuzkümmel zu einem wunderbar einfachen, schnellen Gericht, das Sie mit Reis zum Hauptgang oder mit einem kleinen Salat als Vorspeise servieren können.

600 g Hühnerflügel ohne Haut
1 TL grob gemahlener schwarzer Pfeffer
1 EL gemahlener Kreuzkümmel
2 EL Sonnenblumenöl
1 EL Ingwer-Knoblauch-Paste (Seite 173)
Salz
3 EL frisches Koriandergrün, fein gehackt
50 ml Kokosmilch

Vorbereitungszeit: 10 Minuten
Garzeit: 25 Minuten
Für 4 Personen

1. Das Öl in einem Topf mit schwerem Boden (oder Kadhai) erhitzen und die Ingwer-Knoblauch-Paste hineingeben. Unter Rühren etwa 2 Minuten stark erhitzen.

2. Pfeffer, Kreuzkümmel und Hühnerflügel dazugeben.

3. Mit etwas Salz würzen und die Hühnerflügel gleichmäßig in den Gewürzen wenden. Etwa 4 Esslöffel Wasser hinzufügen und aufkochen. Bei reduzierter Hitze zugedeckt 10–15 Minuten leicht köcheln lassen, bis die Hühnerflügel gar sind.

4. Den Deckel entfernen, auf starke Hitze schalten und einen Großteil der Flüssigkeit einkochen lassen. Das Koriandergrün unterrühren.

Ein indisches Picknick

- Hühnerflügel in Pfeffer-Kreuzkümmel-Sauce (Murgh masala pankhari)
- Quinoa mit Gemüse und Gewürzen (Quinoa upma), Seite 120
- Würziger Kichererbsensalat (Channa chaat), Seite 145
- Orangen-Grieß-Pudding mit Safran (Santre ka sheera), Seite 165

MURGH SUBZ BAHAR

Hühner-Gemüse-Curry mit Kräutern

Dieses ausgesprochen gesunde Gericht habe ich schon in unzähligen Varianten zubereitet, und ich probiere immer wieder andere Gemüsesorten aus. Statt Paprikaschoten und Spinat können Sie beispielsweise auch Brokkoli oder anderes Blattgemüse wählen. Die Hühnerschenkel verwende ich stets ohne Haut.

600 g Hühnerschenkel ohne Haut
2 EL Sonnenblumenöl
1 TL Garam masala (Seite 173)
1 TL gemahlene Kurkuma
Salz

FÜR DIE CURRYPASTE:
1 Bund frische Minze, gewaschen
1 Bund frisches Koriandergrün, gewaschen und grob gehackt
2 frische grüne Chilischoten, Stielansätze entfernt, fein gehackt
2 TL Ingwer-Knoblauch-Paste (Seite 173)
1 grüne Paprikaschote, Stielansatz, Samen und Scheidewände entfernt, grob gehackt
2 große Handvoll Spinat, gewaschen und grob gehackt

Vorbereitungszeit: 15 Minuten
Garzeit: 35 Minuten
Für 4 Personen

1. Einige Minzeblätter zum Garnieren beiseitelegen. Die restliche Minze grob hacken und mit den übrigen Zutaten für die Currypaste in einen Mixer geben. Mit etwa 100 Millilitern Wasser zu einer glatten Paste pürieren.

2. Das Öl in einem Topf mit schwerem Boden erhitzen und die Hühnerschenkel bei starker Hitze rundum anbraten. Garam masala und Kurkuma dazugeben, mit Salz würzen.

3. Die Currypaste hinzugießen und mit so viel Wasser aufgießen, dass die Hühnerschenkel fast bedeckt sind. Zum Kochen bringen, dann die Hitze reduzieren. Zugedeckt etwa 20 Minuten ganz leicht köcheln lassen, bis das Fleisch gar ist.

4. Den Deckel entfernen und die Currysauce bei starker Hitze cremig einkochen lassen. Mit den frischen Minzeblättern garnieren.

DAKSHINI MURGH

Südindisches Hühnercurry mit Erbsen

Der süße Fenchelsamen gleicht in diesem Gericht den scharfen und bitteren Geschmack der anderen Zutaten aus. Im Ayurveda gilt Fenchel als kühlend und verdauungsfördernd.

600 g Hühnerbrust ohne Haut, in 2,5 cm breite Würfel geschnitten
4 EL tiefgekühlte Erbsen
2 EL Sonnenblumenöl
½ TL Kreuzkümmel
½ TL Fenchelsamen
10 schwarze Pfefferkörner, zerstoßen
1 große Zwiebel, in dünne Ringe geschnitten
2 TL Ingwer-Knoblauch-Paste (Seite 173)
2 frische grüne Chilischoten, Stielansätze entfernt, fein gehackt
½ TL gemahlene Kurkuma
2 reife Tomaten, Stielansätze entfernt, fein gehackt
Salz
3 EL Kokosraspel

Vorbereitungszeit: 10 Minuten
Garzeit: 30 Minuten
Für 4 Personen

1. Das Öl in einem Topf mit schwerem Boden bei mittlerer Temperatur erhitzen. Kreuzkümmel, Fenchel und Pfefferkörner darin 1 Minute rösten, damit sie ihr Aroma entfalten. Die Zwiebel hineingeben und in etwa 5 Minuten weich braten.

2. Die Ingwer-Knoblauch-Paste und die Chilischoten unterrühren.

3. Kurkuma, Hühnerfleisch und Erbsen dazugeben und etwa 5 Minuten pfannenrühren. Nun die Tomaten hinzufügen und mit Salz abschmecken.

4. Nochmals durchrühren und 3–4 Esslöffel Wasser untermischen, damit das Fleisch nicht anhängt. Zugedeckt bei reduzierter Hitze 12–15 Minuten leicht köcheln lassen, bis das Fleisch gar ist. Zuletzt die Kokosraspel einrühren und das Curry heiß servieren.

KASTURI MURGH

Hühnercurry mit Mandeln und Bockshornklee

Die getrockneten Blätter des Bockshornklees *(kasuri methi)* schmecken leicht bitter und helfen dem Körper dadurch bei der Ausscheidung von Ama – giftigen Substanzen. Im Ayurveda glaubt man, dass bitterer Geschmack Fettgewebe *(med-dhatu)* reduziert und somit den Gewichtsverlust unterstützt. Bockshornklee ist zudem ein wunderbares Verdauungsmittel und fördert die Leberfunktion.

12 Hühnerschenkel ohne Haut
60 g ganze Mandeln, 10 Minuten in heißem Wasser eingeweicht
1 TL getrocknete Bockshornkleeblätter (*kasur methi*, siehe Einleitung)
150 ml fettarmer Joghurt
Salz
2 EL Sonnenblumenöl
1 TL Kreuzkümmel
2 mittelgroße Zwiebeln, fein gehackt
2 TL Ingwer-Knoblauch-Paste (Seite 173)
2 EL Tomatenmark
½ TL Chilipulver
1 TL gemahlene Kurkuma
1 EL Garam masala (Seite 173)

Vorbereitungszeit: 15 Minuten
Garzeit: 35 Minuten
Für 4 Personen

1. Den Joghurt und etwas Salz verrühren und die Hühnerschenkel darin marinieren lassen.

2. Die Mandeln enthäuten und mit etwas Wasser im Mixer grob pürieren.

3. In einem Topf mit schwerem Boden das Öl erhitzen, den Kreuzkümmel hineinstreuen und bei mittlerer Hitze einige Sekunden rösten, bis er zu bräunen beginnt.

4. Erst die Bockshornkleeblätter, dann die Zwiebeln dazugeben und bei starker Hitze etwa 5 Minuten pfannenrühren. Nun die Ingwer-Knoblauch-Paste hinzufügen.

5. Das Fleisch aus der Marinade nehmen, in den Topf geben und 2–3 Minuten rundum anbraten.

6. Tomatenmark, Joghurtmarinade und gemahlene Gewürze untermischen, die pürierten Mandeln und 100 Milliliter Wasser hinzufügen. Mit Salz abschmecken und unter Rühren aufkochen. Die Hitze reduzieren und das Curry zugedeckt etwa 30 Minuten köcheln lassen, bis das Fleisch gar ist. Ab und zu durchrühren, damit nichts am Topfboden anhängt.

Ein beruhigendes Essen für den Vata-Typ

(Seite 9)

– Hühnercurry mit Mandeln und Bockshornklee (Kasturi murgh)
– Indisches Saatenbrot (Danedar roti), Seite 27
– Auberginenpüree mit Erdnüssen (Baingan moongphali bharta), Seite 106

KOZHI KARI

Hühner-Kardamom-Curry nach Kerala-Art

Kardamom kommt sowohl in pikanten wie süßen Gerichten zum Einsatz. Im Ayurveda, der das Gewürz auch als Antidepressivum verwendet, gilt sein Duft als belebend. Tee mit Kardamomaroma soll Spannungskopfschmerz lindern, und das Kauen der Samen sorgt für frischen Atem, wirkt gegen Reiseübelkeit sowie gegen Schwindelgefühl.

600 g Hühnerbrust ohne Haut, in 2,5 cm breite Würfel geschnitten
½ TL gemahlener Kardamom (dafür die Hülsen von 6 grünen Kardamomkapseln entfernen und die Samen im Mörser fein zermahlen)
2 EL Sonnenblumenöl
6 frische Curryblätter, plus ein paar zum Garnieren
2 mittelgroße Zwiebeln, fein gehackt
2 TL Ingwer-Knoblauch-Paste (Seite 173)
2 frische grüne Chilischoten, Stielansätze entfernt, fein gehackt
2 reife Tomaten, Stielansätze entfernt, grob gehackt
1 TL gemahlene Kurkuma
1 EL Tamarindenmark, in 2–3 EL Wasser verrührt
Salz
50 ml Kokosmilch

Vorbereitungszeit: 10 Minuten
Garzeit: 35 Minuten
Für 4 Personen

1. Das Öl in einem Topf mit schwerem Boden bei mittlerer Temperatur erhitzen. Die Curryblätter hineingeben und 10 Sekunden rösten, bis sie dunkler werden und zu duften beginnen.

2. Die Zwiebeln hinzufügen und etwa 5 Minuten pfannenrühren. Die Ingwer-Knoblauch-Paste unterrühren.

3. Chilischoten und Tomaten dazugeben und 2–3 Minuten braten, bis sie weich sind und sich alles verbunden hat. Kurkuma und Kardamom darüberstreuen.

4. Nun das Hühnerfleisch im Topf verteilen und bei starker Hitze rundum anbraten. Das Tamarindenwasser hinzugießen, mit Salz abschmecken und zum Kochen bringen.

5. Die Hitze reduzieren und das Curry zugedeckt etwa 15 Minuten leicht köcheln lassen, bis das Fleisch gar ist. Die Kokosmilch einrühren und das Curry erneut heiß werden lassen. Mit Curryblättern garnieren und heiß servieren.

ALOO MURGH RASHIDA

Hühner-Kartoffel-Curry mit Ei

Lorbeerblätter sind eine der Würzzutaten in Garam masala (wörtlich übersetzt »scharfes Gewürz«), einer wärmenden Gewürzmischung, die in der nordindischen Küche reichlich verwendet wird (Seite 173). Nach dem Ayurveda haben Lorbeerblätter einen adstringierenden Geschmack (Rasa) und sind ein ausgezeichnetes Verdauungsmittel. Außerdem enthalten sie viel Eisen und Vitamin A. Die getrockneten Blätter bekommt man in Supermärkten und Feinkostläden, sie sind 6–8 Monate haltbar.

600 g Hühnerbrust ohne Haut, in 2,5 cm breite Würfel geschnitten
1 Kartoffel, geschält und grob gerieben
2 große Eier
2 EL Sonnenblumenöl
2 mittelgroße Zwiebeln, in dünne Ringe geschnitten
2 TL Ingwer-Knoblauch-Paste (Seite 173)
3 reife Tomaten, Stielansätze entfernt, grob gehackt
2 Lorbeerblätter
½ TL Chilipulver
1 TL gemahlene Kurkuma
1 TL Garam masala (Seite 173)
Salz
2 EL frisches Koriandergrün, fein gehackt

Vorbereitungszeit: 15 Minuten
Garzeit: 30 Minuten
Für 4 Personen

1. In einem Topf mit schwerem Boden 1 Esslöffel Öl erhitzen und die Zwiebeln darin bei starker Hitze weich braten. Ingwer-Knoblauch-Paste und Tomaten dazugeben und einige Minuten braten, bis die Tomaten weich sind.

2. Die Mischung im Mixer mit 3–4 Esslöffeln Wasser zu einer groben Paste pürieren.

3. Den Topf ausspülen und das restliche Öl darin erhitzen. Lorbeerblätter und Hühnerfleisch hineingeben und bei mittlerer Hitze pfannenrühren, bis das Fleisch rundum angebraten ist.

4. Die geriebene Kartoffel und die gemahlenen Gewürze unterrühren. Das Püree aus dem Mixer hinzugeben, mit Salz würzen und 100 Milliliter Wasser dazugießen. Zum Kochen bringen und dabei ständig rühren, damit die Kartoffel nicht anhängt.

5. Die Hitze reduzieren. Das Curry zugedeckt 15 Minuten köcheln lassen, bis das Fleisch gar ist.

6. Den Deckel entfernen und das Fleisch im Topf zur Seite schieben. Die Eier mit einer Gabel unter die Currysauce schlagen, sodass sie in feinen Flöckchen stocken. Alles vermischen und mit frischem Koriandergrün garnieren.

MURGH SOWETA

Huhn mit Gemüsemais

Dieses Gericht hat ein herrlich intensives Tomatenaroma. Doch Tomaten schmecken nicht nur gut, sie sollen auch das Risiko vieler Krebsarten mindern. Grund dafür ist möglicherweise das Lykopin, das für die rote Färbung verantwortlich ist. Genießt man Tomaten mit etwas Fett, soll der Körper den Stoff besser aufnehmen können. Zudem enthalten Tomaten sehr viel Vitamin C und können das Risiko einer Herzerkrankung reduzieren.

600 g Hühnerbrust ohne Haut, in 2,5 cm breite Würfel geschnitten
150 g frischer oder tiefgekühlter Gemüsemais
2 EL Sonnenblumenöl
2 mittelgroße Zwiebeln, fein gehackt
2 TL Ingwer-Knoblauch-Paste (Seite 173)
½ TL Chilipulver
1 TL Garam masala (Seite 173)
½ TL gemahlene Kurkuma
225 g reife Tomaten, grob gehackt
1 EL Tomatenmark
Salz
2 EL frisches Koriandergrün, fein gehackt, zum Garnieren

Vorbereitungszeit: 10 Minuten
Garzeit: 30 Minuten
Für 4 Personen

1. Das Öl in einem Topf mit schwerem Boden und Antihaftbeschichtung erhitzen und die Zwiebeln darin bei starker Hitze in etwa 5 Minuten weich braten. Die Ingwer-Knoblauch-Paste einrühren, 1 weitere Minute braten.

2. Das Fleisch 5 Minuten in der Mischung pfannenrühren, bis es rundum angebraten ist.

3. Die restlichen Zutaten bis auf das Koriandergrün dazugeben und das Curry etwa 15 Minuten köcheln lassen, bis das Fleisch gar ist. Falls nötig, etwas Wasser hinzugießen, damit das Curry nicht zu trocken wird.

4. Mit frischem Koriandergrün garnieren.

VINDALOO

Hühnercurry nach Goa-Art

Die Portugiesen waren es, die Vindaloo – ein süß-säuerliches, scharfes Curry – in Indien einführten, allerdings enthielt ihre Variante neben Chilischoten und Knoblauch auch Rotwein. Das Gericht hat sich nicht überall in Indien durchgesetzt, sondern wird vorwiegend in Goa gegessen, der einstigen Hochburg der Portugiesen.

600 g Hühnerbrust ohne Haut, in 2,5 cm breite Würfel geschnitten
¼ TL Senfsamen
5 schwarze Pfefferkörner
1 TL Koriander
1 TL Kreuzkümmel
2 getrocknete rote Chilischoten, Stielansätze und Samen entfernt
2 EL Sonnenblumenöl
2 mittelgroße Zwiebeln, fein gehackt
2 TL Ingwer-Knoblauch-Paste (Seite 173)
1 kleine grüne Chilischote, Stielansatz entfernt, fein gehackt
1 TL Garam masala (Seite 173)
1 EL Tamarindenmark, in 2–3 EL Wasser verrührt
3 TL Malzessig
½ TL brauner Zucker
Salz

Vorbereitungszeit: 10 Minuten
Garzeit: 35 Minuten
Für 4 Personen

1. Senfsamen, Pfefferkörner, Koriander, Kreuzkümmel und getrocknete Chilischoten in einer Schale vermischen. Eine kleine Pfanne erhitzen und die gemischten Gewürze darin bei mittlerer Hitze einige Minuten ohne Fett rösten, bis sie dunkler werden und zu duften beginnen. In einen kleinen Mixer oder eine Kaffeemühle geben und zu Pulver zermahlen.

2. Das Öl in einem Topf mit schwerem Boden erhitzen und die Zwiebeln darin bei starker Hitze bräunen. Die Ingwer-Knoblauch-Paste einrühren und 1 weitere Minute braten.

3. Die grüne Chilischote, die gerösteten gemahlenen Gewürze und das Garam masala hinzufügen. Das Fleisch im Topf verteilen und 5 Minuten pfannenrühren, bis es rundum angebraten ist.

4. Das Tamarindenwasser und den Essig dazugießen, den Zucker hinzufügen und mit Salz würzen. Mit etwa 100 Millilitern Wasser aufgießen und aufkochen. Die Hitze reduzieren. Das Curry zugedeckt etwa 20 Minuten köcheln lassen, bis das Fleisch gar und eine dicke, aromatische Sauce entstanden ist.

KADHAI MURGH

Huhn mit Koriander

Bei einem Kadhai handelt es sich um einen schweren, an einen Wok erinnernden Topf, dem man in fast jedem indischen Haushalt begegnet. Er besteht meist aus einer Metalllegierung – diese macht ihn unempfindlich gegen die hohen Temperaturen, die man für die indische Küche benötigt. In einem bewährten, das heißt schon häufig verwendeten Kadhai hängen die Speisen auch bei langer Garzeit nicht an.

600 g Hühnerbrust ohne Haut, in 2,5 cm breite Würfel geschnitten
1 TL Koriander
1 TL Kreuzkümmel
2 EL Sonnenblumenöl
2 TL frisch geriebener Ingwer
1 TL frisch geriebener Knoblauch
2 EL Tomatenmark
2 reife Tomaten, grob gehackt
2 frische grüne Chilischoten, Stielansätze entfernt, sehr fein gehackt
2 große Handvoll frisches Koriandergrün, gewaschen und fein gehackt
1 TL gemahlene Kurkuma
1 TL Garam masala (Seite 173)
Salz

Vorbereitungszeit: 15 Minuten
Garzeit: 30 Minuten
Für 4 Personen

1. Eine kleine Pfanne erhitzen. Koriander und Kreuzkümmel darin ohne Fett rösten, bis sie zu bräunen beginnen. Im Mörser zu Pulver zermahlen.

2. Das Öl in einem Topf mit schwerem Boden (oder einem Kadhai) erhitzen und das Fleisch darin etwa 5 Minuten pfannenrühren, bis es rundum angebraten ist. Ingwer und Knoblauch dazugeben und noch 1 Minute pfannenrühren. Tomatenmark, gehackte Tomaten und Chilischoten untermischen und 2–3 Minuten garen, bis die Tomaten weich sind und eine cremige Sauce entstanden ist.

3. Das Koriandergrün und die gerösteten gemahlenen Gewürze dazugeben und noch einige Minuten garen. Mit Kurkuma und Garam masala bestreuen, mit Salz abschmecken.

4. Nun 3–4 Esslöffel Wasser unterrühren und aufkochen. Bei reduzierter Hitze etwa 15 Minuten leicht köcheln lassen, bis das Fleisch gar ist.

Fisch- und Seafood-Currys

Fisch ist relativ fettarm, dafür sehr proteinreich und enthält die wichtigen Omega-3-Fettsäuren. Untersuchungen haben gezeigt, dass wir mindestens zweimal pro Woche Fisch essen sollten. Fisch mit höherem Fettgehalt, etwa Lachs und Makrele, ist sogar besonders gesund und kann das Risiko einer Herz-Kreislauf-Erkrankung mindern. Auch auf andere gesundheitliche Probleme soll sich der regelmäßige Verzehr von Fisch positiv auswirken, so zum Beispiel auf Asthma oder Demenz.

Obwohl Fisch ein hervorragendender Mineralstofflieferant ist, kann der Phosphorgehalt der meisten Fischsorten das für den Knochenaufbau so wichtige Kalzium beeinträchtigen. Genießt man den Fisch aber in Verbindung mit kalziumreichem Blattgemüse, ist das Verhältnis wieder recht ausgewogen.

Ayurvedisches Wissen

Fisch besitzt nach dem Ayurveda wärmende Eigenschaften und wird von Menschen des Vata-Typs gut vertragen. Pitta-Typen empfiehlt man weißen Fisch in Maßen, doch Kapha-Typen sollten die meisten Meeresfische mit Vorsicht genießen – sie vertragen allerdings Garnelen und Flussfische.

SABZIONWALI MACCHI

Lachs mit würzigem Gemüsecurry

Lachs mit seinem feinen Geschmack und der festen Textur ist ein wunderbar vielseitiger Fisch. Indischer Lachs oder *raavas* unterscheidet sich jedoch ein wenig von dem im Westen bekannten Fisch – er hat weißes Fleisch und einen ausgeprägten Meeresgeschmack. Doch auch er steckt voller Proteine und ist reich an Omega-3-Fettsäuren, die das Herz schützen. Außerdem enthält er Selen sowie die Vitamine B6 und B12.

4 Lachsfilets (jeweils 150 g)
2 EL Sonnenblumenöl, plus etwas mehr zum Bestreichen
1 TL Kreuzkümmel
1 mittelgroße Zwiebel, fein gehackt
2 rote Paprikaschoten, Stielansätze, Samen und Scheidewände entfernt, fein gehackt
1 Aubergine, in 2,5 cm breite Würfel geschnitten
½ TL Chilipulver
½ TL gemahlene Kurkuma
1 TL Garam masala (Seite 173)
2 große reife Tomaten, Stielansätze entfernt, grob gehackt
Salz
1 EL Tomatenmark
1 Handvoll frisches Koriandergrün, gewaschen, fein gehackt

Vorbereitungszeit: 10 Minuten
Garzeit: 20 Minuten
Für 4 Personen

1. Den Backofen auf 220 °C vorheizen.

2. Die Lachfilets auf beiden Seiten mit Öl bestreichen und auf ein Backblech mit Alufolie legen. Mit Alufolie bedecken und 10 Minuten im heißen Ofen backen.

3. Inzwischen das Curry zubereiten. Dafür das Öl in einer Pfanne bei mittlerer Temperatur heiß werden lassen. Den Kreuzkümmel darin einige Sekunden rösten, bis er zu bräunen beginnt.

4. Die Zwiebel dazugeben und in etwa 5 Minuten weich braten. Paprika, Aubergine, gemahlene Gewürze, Tomaten und Salz unterrühren, bis das Gemüse gleichmäßig mit Öl und Gewürzen bedeckt ist.

5. Das Tomatenmark und 4–5 Esslöffel Wasser hinzufügen und aufkochen.

6. Zugedeckt bei reduzierter Hitze 10 Minuten leicht köcheln lassen.

7. Zum Servieren je ein Lachsfilet auf einen Teller legen und etwas Gemüsecurry darüber verteilen. Mit frischem Koriandergrün garnieren.

Ein Abendessen bei gestörtem Kapha-Gleichgewicht (siehe Seite 11)

- Lachs mit würzigem Gemüsecurry (Sabzionwali macchi)
- Reistopf mit Karotten und Mungobohnen (Gajar ki khichadi), Seite 21
- Kurkumatee mit Jaggery (Haldi ki chai), Seite 161

LOBHIA AUR MACCHI

Augenbohnen mit Thunfischsteaks

Hier kombiniere ich ein Bohnencurry mit fettarmen Thunfischsteaks zu einem wirklich köstlichen und ebenso gesunden Gericht. Augenbohnen sind besonders reich an löslichen Ballaststoffen, die zur Senkung des Cholesterinspiegels beitragen.

1 Dose Augenbohnen (400 g), abgegossen und abgespült
4 Thunfischsteaks (jeweils 100 g)
2 EL Sonnenblumenöl
Salz
1 TL Kreuzkümmel
1 kräftige Prise gemahlene Asafoetida (Seite 172)
1 mittelgroße Zwiebel, fein gehackt
1 EL Ingwer-Knoblauch-Paste (Seite 173)
½ TL Chilipulver
½ TL gemahlene Kurkuma
2 große reife Tomaten, Stielansätze entfernt, grob gehackt
1 TL Garam masala (Seite 173)
2 Stangen Bleichsellerie, gewaschen und fein gehackt
1 kleine Handvoll frisches Koriandergrün, gewaschen

Vorbereitungszeit: 10 Minuten
Garzeit: 35 Minuten
Für 4 Personen

1. In einer großen Pfanne 1 Esslöffel Öl stark erhitzen. Die Thunfischsteaks hineingeben und von einer Seite anbraten. Vorsichtig wenden, mit etwas Salz würzen und die Hitze reduzieren. Zugedeckt bei schwacher Hitze 7–8 Minuten braten, bis die Steaks gar sind. Vom Herd nehmen und ruhen lassen.

2. Das restliche Öl in einer großen Pfanne mit schwerem Boden erhitzen und den Kreuzkümmel darin rösten, bis er zu bräunen beginnt. Asafoetida hinzugeben.

3. Die Zwiebel etwa 5 Minuten in der Mischung braten, bis sie weich ist und gerade zu bräunen beginnt. Bräunt sie zu schnell, die Hitze reduzieren. Die Ingwer-Knoblauch-Paste unterrühren.

4. Die Bohnen dazugeben, mit Chilipulver und Kurkuma bestreuen und alles gut vermischen.

5. Tomaten, Garam masala und Sellerie unterrühren. Mit Salz abschmecken, 5–6 Esslöffel Wasser hinzufügen und das Curry zugedeckt zum Kochen bringen. Bei reduzierter Hitze 10 Minuten leicht köcheln lassen.

6. Zuletzt einige der Bohnen mit einer Gabel zerdrücken, um die Sauce einzudicken.

7. Die Thunfischsteaks auf dem Curry verteilen. Zugedeckt nochmals 2–3 Minuten sachte erhitzen. Mit frischem Koriandergrün garnieren.

BANGDA GASSI

Pikantes Makrelen-Curry

An der Westküste Indiens sind Makrelen sehr beliebt, und man verwendet sie gern für Fischcurrys. In Mumbai, der wichtigsten Hafenstadt des Landes, werden sie fangfrisch angeboten. Fettreicher Fisch wie die Makrele ist reich an Omega-3-Fettsäuren, die für ein gesundes Herz wichtig sind, sowie an Vitamin B12, das wir für die Blutbildung und zur Stärkung des Nervensystems benötigen.

4 Makrelenfilets (jeweils 125 g)
1 EL Koriander
5 schwarze Pfefferkörner
1 TL Kreuzkümmel
5 getrocknete rote Chilischoten, Stielansätze entfernt
2 EL Kokosraspel
4 EL Malzessig
1 TL gemahlene Kurkuma
Salz
2 EL Sonnenblumenöl

Vorbereitungszeit: 10 Minuten
Garzeit: 20 Minuten
Für 4 Personen

1. Koriander, Pfefferkörner, Kreuzkümmel, getrocknete rote Chilischoten, Kokosraspel, Malzessig und 3–4 Esslöffel Wasser im Mixer zu einem feinen Püree verarbeiten.

2. Die Makrelenfilets mit Kurkuma und Salz würzen.

3. Das Öl in einer Pfanne mit schwerem Boden erhitzen und die Fischfilets darin von beiden Seiten jeweils 3–4 Minuten braten. Das Püree aus dem Mixer dazugeben und 150 Milliliter Wasser hinzugießen, sodass eine Sauce entsteht. Mit Salz würzen.

4. Zum Kochen bringen, dann bei reduzierter Hitze 8–10 Minuten leicht köcheln lassen, bis der Fisch gar ist.

LAL CHUTNEY KI MACCHI

Fischfilets mit rotem Kokos-Chutney

Chutney-Fisch ist ein altes Gericht der zoroastrischen Gemeinde, die vor mehreren hundert Jahren nach Indien einwanderte. Traditionell wird es mit grünem Chutney zubereitet, doch ich finde diese Variante mit rotem Chutney einfach köstlich.

4 Weißfischfilets (jeweils 150 g), etwa Schellfisch oder Kabeljau

FÜR DAS CHUTNEY:
175 g frisch geriebene oder fertige Kokosraspel
1 EL fein geriebener Knoblauch
½ TL Chilipulver
3 EL frisch gepresster Zitronensaft
Salz

Vorbereitungszeit: 15 Minuten
Garzeit: 10 Minuten
Für 4 Personen

1. Den Backofen auf 220 °C vorheizen.

2. Sämtliche Zutaten für das Chutney mit 3–4 Esslöffeln Wasser im Mixer oder in der Küchenmaschine zu einer feinen Paste pürieren.

3. Die Fischfilets jeweils mit einer kleinen Prise Salz würzen. Jedes Filet mit 1 gehäuften Esslöffel Kokos-Chutney bestreichen und einzeln in Alufolie wickeln. Die Fischpäckchen auf einem Backblech verteilen und 10 Minuten im heißen Ofen backen. Als Alternative die Päckchen in einem Dämpfeinsatz in einen Topf mit kochendem Wasser geben und 10 Minuten dämpfen.

SUNGTACHI AMTI

Garnelen-Curry mit Tamarinde und Tomaten

Tamarindenbäume mit ihren säuerlichen Früchten gedeihen entlang der gesamten indischen Küste. Wenn die länglichen Fruchtschoten im Mai reif sind, presst man das Mark mit den Samen zu Blöcken und verwendet es das ganze Jahr hindurch. Das kühlende Tamarindenmark ist eine beliebte Zutat für sommerliche Getränke.

600 g geschälte Garnelen, gegart oder roh
2 TL Tamarindenmark, in 2–3 EL Wasser verrührt
2 reife Tomaten, Stielansätze entfernt, fein gehackt
2 EL Sonnenblumenöl
1 TL Koriander
10 schwarze Pfefferkörner
2 mittelgroße Zwiebeln, fein gehackt
1 TL fein geriebener Knoblauch
½ TL gemahlene Kurkuma
½ TL Chilipulver
Salz
300 ml Kokosmilch

Vorbereitungszeit: 15 Minuten
Garzeit: 15 Minuten
Für 4 Personen

1. In einem Topf mit schwerem Boden 1 Esslöffel Öl erhitzen und den Koriander und die Pfefferkörner 1 Minute bei mittlerer Hitze darin rösten. Die Zwiebeln dazugeben und weich braten. Knoblauch und Tomaten unterrühren und noch einige Minuten dünsten, bis die Mischung cremig wird. In einen Mixer füllen und mit 3–4 Esslöffeln Wasser fein pürieren.

2. Das restliche Öl in einer großen Pfanne erhitzen und die Garnelen darin 1 Minute bei starker Hitze braten. Rohe Garnelen so lange braten, bis sie opak werden.

3. Gemahlene Gewürze, Tamarindenwasser und etwas Salz sachte unterrühren, sodass die Garnelen mit Öl und Gewürzen bedeckt sind. 2 Esslöffel Wasser und das Püree aus dem Mixer hinzufügen und das Curry bei mittlerer Hitze 5 Minuten köcheln lassen.

4. Die Kokosmilch dazugießen, mit Salz abschmecken und zum Kochen bringen. Sobald die Sauce zu kochen beginnt, die Pfanne vom Herd nehmen, damit die Kokosmilch schön cremig bleibt.

JHINGA JALFREZI

Riesengarnelen mit grünem Paprika und Zwiebeln

Als *jalfrezi* bezeichnet man ein Gericht, das mit grünen Paprikaschoten und Zwiebeln zubereitet wird. Es gehört weltweit zu den beliebtesten indischen Spezialitäten.

300 g geschälte rohe Riesengarnelen
150 g grüne Paprikaschoten, Stielansätze, Samen und Scheidewände entfernt, in Streifen geschnitten
1 große Zwiebel, in dünne Ringe geschnitten
2 EL Sonnenblumenöl
1 TL Kreuzkümmel
1 EL Ingwer-Knoblauch-Paste (Seite 173)
½ TL gemahlene Kurkuma
½ TL Chilipulver
½ TL gemahlener Koriander
Salz
2 reife Tomaten, Stielansätze entfernt, in Scheiben geschnitten
1 Handvoll frisches Koriandergrün, gewaschen und fein gehackt

Vorbereitungszeit: 10 Minuten
Garzeit: 25 Minuten
Für 4 Personen

1. Das Öl in einem Topf mit schwerem Boden erhitzen und den Kreuzkümmel darin bei mittlerer Temperatur leicht bräunen. Die Zwiebel dazugeben und in etwa 5 Minuten weich braten.

2. Die Ingwer-Knoblauch-Paste gründlich unterrühren.

3. Die gemahlenen Gewürze und das Salz darüberstreuen. Das Curry bei schwacher Hitze etwa 3 Minuten köcheln lassen, bis sich das Öl abzusetzen beginnt. Dabei regelmäßig durchrühren, damit nichts anhängt.

4. Die Paprikastreifen hinzufügen und weitere 8 Minuten garen, bis sie weich, aber noch nicht zerfallen sind. Nun die Garnelen dazugeben und unter Rühren etwa 3 Minuten garen, bis sie opak werden.

5. 100 Milliliter Wasser hinzugießen, aufkochen und bei reduzierter Hitze 3–4 Minuten leicht köcheln lassen.

6. Zuletzt die Tomaten hinzugeben und in 2–3 Minuten weich garen. Vom Herd nehmen und mit Koriandergrün garnieren.

DARYACHI RANI

Gebackene Jakobsmuscheln in Korianderpesto

Jakobsmuscheln enthalten viel Vitamin B12, Eisen, Magnesium, Zink und Kupfer. Sie werden mit und ohne Schale verkauft, sollten fest und prall sein und süßlich duften. Da sich die frischen Muscheln nicht lange halten, isst man sie am besten am selben Tag oder stellt sie bis zum Folgetag im luftdichten Behälter in den Kühlschrank. Sie dürfen nicht zu lange garen, damit sie ihre feine Textur bewahren und nicht zäh werden.

16 Jakobsmuscheln, küchenfertig vorbereitet
1 große Handvoll frisches Koriandergrün
1 TL Ingwer-Knoblauch-Paste (Seite 173)
1 frische grüne Chilischote, Stielansätze entfernt, grob gehackt
Salz
1 kleine Prise Zucker
1 Spritzer frisch gepresster Zitronensaft
Olivenöl zum Bestreichen

Vorbereitungszeit: 15 Minuten
Garzeit: 5 Minuten
Für 4 Personen

1. Den Backofen auf 190 °C vorheizen.

2. Das Koriandergrün für das Pesto waschen und grob hacken. In einem kleinen Mixer mit der Ingwer-Knoblauch-Paste, der Chilischote und 3-4 Esslöffeln Wasser fein pürieren. In eine Schüssel füllen und mit etwas Salz, einer Prise Zucker und 1 Spritzer Zitronensaft würzen. Die Muscheln in das Pesto tauchen und gleichmäßig damit bedecken.

3. Ein Backblech oder die Jakobsmuschelschalen mit Olivenöl bestreichen und die Muscheln auf das Blech oder einzeln in die Schalen geben. Mit dem restlichen Pesto und etwas Olivenöl beträufeln. Im heißen Ofen 5–7 Minuten backen und sofort servieren.

Ein elegantes Abendessen

- Gebackene Jakobsmuscheln in Korianderpesto (Daryachi rani)
- Mais-Koriander-Brot (Makai dhaniye ki roti), Seite 25
- Hühner-Kartoffel-Curry mit Ei (Aloo murgh rashida), Seite 54
- Schwarze Linsen mit Gewürzen (Kali dal), Seite 78
- Erbsen mit indischem Käse (Mutter paneer), Seite 92
- Dattel-Mandel-Bällchen (Khajur aur badam ka halwa), Seite 164

TISRYA KADHI

Gedämpfte Venusmuscheln in Kokosmilch

Venusmuscheln schmecken süßlich und haben eine zarte Textur. In der indischen Küche werden sie oft mit Kokosnuss kombiniert, die gut mit der feinen Süße harmoniert. Zudem sind die Muscheln sehr reich an Eisen und enthalten Zink, Kupfer, Mangan und Selen.

600 g frische Venusmuscheln
1 Dose Kokosmilch (400 ml)
2 EL Sonnenblumenöl
1 mittelgroße Zwiebel, fein gehackt
3 Knoblauchzehen, geschält und fein gerieben
½ TL zerstoßene schwarze Pfefferkörner
½ TL gemahlene Kurkuma

Vorbereitungszeit: 10 Minuten
Garzeit: 20 Minuten
Für 4 Personen

1. Die Venusmuscheln unter fließendem kaltem Wasser gründlich waschen. Muscheln, die sich bei Berührung nicht schließen, wegwerfen.

2. Das Öl in einem Topf mit schwerem Boden erhitzen und die Zwiebel darin bei starker Hitze in etwa 5 Minuten weich braten. Knoblauch, schwarzen Pfeffer und Kurkuma hinzugeben.

3. 150 Milliliter Wasser dazugießen und zum Kochen bringen. Die Muscheln hineingeben und zugedeckt 9–10 Minuten dämpfen. Ab und zu durchrühren, damit die Muscheln gleichmäßig garen.

4. Den Deckel abnehmen und alle Muscheln, die sich nicht vollständig geöffnet haben, wegwerfen. Die Kokosmilch unterrühren und das Curry nochmals erhitzen.

NANDU KARI

Krebscurry von der Küste

1 ganzer gegarter Taschenkrebs (600 g)
4 EL Sonnenblumenöl
8 Gewürznelken
10 schwarze Pfefferkörner
2 TL Koriander
3 mittelgroße Zwiebeln, in dünne Ringe geschnitten
150 g frisch geriebene oder fertige Kokosraspel
1 TL Chilipulver
1 TL gemahlene Kurkuma
Salz
1 EL Tamarindenmark, in 2–3 EL Wasser verrührt
5 EL Kokosmilch

Vorbereitungszeit: 15 Minuten
Garzeit: 40 Minuten
Für 4 Personen

1. Um den Krebs vorzubereiten, Scheren und Beine in einer Drehbewegung vom Körper abbrechen. Den Körper in der Mitte durchschneiden und Magensack, Innereien und die federigen Kiemen entfernen und wegwerfen.

2. In einem Topf mit schwerem Boden 2 Esslöffel Öl bei mittlerer Temperatur erhitzen. Gewürznelken, Pfefferkörner und Koriander darin rösten, bis sie zu zischen beginnen. Die Zwiebeln dazugeben und bei schwacher Hitze in etwa 5 Minuten goldgelb braten.

3. Die Kokosflocken unterrühren und goldbraun braten. (Die gebräunten Kokosflocken geben dem Curry den besonderen Geschmack.) Die Mischung mit 3–4 Esslöffeln Wasser im Mixer zu einer feinen Paste pürieren.

4. Das restliche Öl in demselben Topf erhitzen. Die Krebsstücke und gemahlenen Gewürze hineingeben und gut vermischen.

5. Mit Salz würzen und das Tamarindenwasser hinzufügen. Aufkochen und die Paste aus dem Mixer dazugeben.

6. Zugedeckt 10 Minuten sachte köcheln lassen. Die Kokosmilch unterrühren. Nochmals erhitzen.

Currys aus Hülsenfrüchten

In Indien ernähren sich viele Menschen aus religiösen Gründen vegetarisch, und so liefern Hülsenfrüchte die benötigten Proteine. Darüber hinaus sind viele Hülsenfrüchte reich an Eisen und wichtigen Ballaststoffen.

Untersuchungen haben gezeigt, dass eine Ernährung mit mehr Bohnen, Erbsen und Linsen und weniger gesättigten Fettsäuren und raffinierten Kohlenhydraten das Risiko von Herz-Kreislauf-Erkrankungen mindern kann. Pflanzliche Proteine können außerdem zu einem niedrigeren Cholesterinspiegel beitragen.

Die indische Küche verwendet viele verschiedene Hülsenfrüchte. Hinzu kommen geschälte, halbierte Hülsenfrüchte, die mitunter deutlich andere Kocheigenschaften besitzen. Ganze schwarze Urdbohnen beispielsweise ergeben ein dickes Curry mit viel Biss, während ein Curry aus geschälten, halbierten Urdbohnen *(urad dal)* eher flüssig und leicht klebrig ist. In Südindien bereitet man aus Urdbohnen außerdem einen Teig für Pfannkuchen, sogenannte *dosas*.

Ayurvedisches Wissen

Hülsenfrüchte gelten in der Regel als wärmende Lebensmittel, die für das nötige Gleichgewicht kühlende Zutaten benötigen (siehe Seite 13). Aus diesem Grund werden sie in vielen ayurvedischen Gerichten mit Reis und Gemüse kombiniert.

MASOORICHI DAL

Braune Linsen mit Zwiebeln und Kokos

Geschälte Linsen werden im Handel als rote oder rosa Linsen angeboten, die sich bei der Zubereitung deutlich von den ganzen Hülsenfrüchten unterscheiden. Für dieses Gericht verwende ich jedoch ganze braune Linsen, die Sie aber nach Belieben durch Puy-Linsen oder ganze grüne Linsen ersetzen können. Sie alle enthalten reichlich Ballaststoffe, Kalzium und Eisen – eine gute Alternative zu Fleisch bei vegetarischer Ernährung.

300 g ganze braune Linsen *(masoor)* oder Puy-Linsen, über Nacht in kaltem Wasser eingeweicht
2 mittelgroße rote Zwiebeln, in dünne Ringe geschnitten
2 EL Sonnenblumenöl
1 TL Kreuzkümmel
1 frische grüne Chilischote, Stielansatz entfernt, sehr fein gehackt
2 TL Ingwer-Knoblauch-Paste (Seite 173)
2 reife Tomaten, Stielansätze entfernt, fein gehackt
1 TL gemahlene Kurkuma
Salz
1 kleine Handvoll frisches Koriandergrün, gewaschen und fein gehackt
2 EL frisch geriebene oder fertige Kokosraspel

Vorbereitungszeit: 10 Minuten
(+ Einweichzeit über Nacht)
Garzeit: 45 Minuten
Für 4 Personen

1. Die Linsen abgießen, abspülen und mit der doppelten Menge heißen Wassers in einen Topf füllen. Zum Kochen bringen und bei reduzierter Hitze 35 Minuten köcheln lassen, bis die Linsen schön cremig sind.

2. Das Öl in einem Topf mit schwerem Boden stark erhitzen und den Kreuzkümmel darin leicht bräunen. Die Zwiebeln dazugeben und in etwa 5 Minuten weich braten.

3. Chilischote und Ingwer-Knoblauch-Paste hinzufügen und einige Sekunden rühren.

4. Tomaten und Kurkuma untermischen und so lange garen, bis sich alles gleichmäßig verbunden hat.

5. Mit Salz abschmecken und die gegarten Linsen hinzugeben. Das Koriandergrün und die Kokosraspel einrühren und das Curry heiß servieren.

Ein wärmendes Essen im Herbst

- Braune Linsen mit Zwiebeln und Kokos (Masoorichi dal)
- Brauner Basmatireis mit Huhn und Zimt (Murgh dalchini pulao, Seite 22)
- Auberginensalat mit roten Zwiebeln und Tomaten (Dahi baingan bharta), Seite 144

CHILKEWALI MUNG DAL

Goldenes Mungobohnen-Dal

Die kleinen Mungobohnen sind als getrocknete ganze grüne Bohnen oder als halbierte gelbe *mung dal* (mit und ohne Schale) erhältlich. Mung dal werden im Ayurveda sehr geschätzt, denn sie sind kühlender und leichter verdaulich als die meisten anderen Bohnensorten, was sie zu einer idealen Zutat für Sommergerichte macht. Hier habe ich sie wegen der zusätzlichen Proteine mit Erdnüssen kombiniert. Wer dagegen allergisch ist, kann die Erdnüsse natürlich problemlos weglassen.

150 g halbierte Mungobohnen *(mung dal)* mit der Schale, 1 Stunde in kaltem Wasser eingeweicht
50 g geröstete Erdnüsse (gesalzen oder ungesalzen)
1 EL Sonnenblumenöl
1 Prise gemahlene Asafoetida (Seite 172)
1 mittelgroße Zwiebel, fein gehackt
1 kleine frische grüne Chilischote, Stielansatz entfernt, sehr fein gehackt
1 TL Ingwer-Knoblauch-Paste (Seite 173)
½ TL gemahlene Kurkuma
2 reife Tomaten, Stielansätze entfernt, grob gehackt
Salz
1 kleine Handvoll frisches Koriandergrün, gewaschen und fein gehackt

Vorbereitungszeit: 10 Minuten (+ 1 Stunde Einweichzeit)
Garzeit: 30 Minuten
Für 4 Personen

1. Die Mungobohnen mehrfach in frischem kaltem Wasser waschen. Zusammen mit 300 Millilitern heißem Wasser in einem Topf mit schwerem Boden füllen und aufkochen. Die Erdnüsse dazugeben und bei reduzierter Hitze etwa 20 Minuten köcheln lassen, bis die Bohnen gar sind.

2. Das Öl in einem Topf mit schwerem Boden stark erhitzen. Die Asafoetida hineinstreuen, die Zwiebel hinzugeben und in etwa 5 Minuten weich braten.

3. Chilischote, Ingwer-Knoblauch-Paste, Kurkuma und Tomaten dazugeben und unter Rühren 2–3 Minuten garen.

4. Die gegarten Mungobohnen in den Topf füllen und für eine suppenartige Konsistenz mit etwas heißem Wasser verdünnen. Mit Salz abschmecken. Koriandergrün darüberstreuen und heiß servieren.

SHENGA-MOOLYACHI AAMTI

Gelbe Linsen mit Moringastängeln und Daikon

Bei Moringastängeln handelt es sich um die langen, dünnen Früchte des Pferderettich- oder Meerrettichbaums. Das Fleisch im Innern ähnelt dem der Zucchini.

150 g halbierte, geschälte gelbe Linsen *(toor dal)*
2 Moringastängel (in asiatischen Lebensmittelläden erhältlich), in 6 cm lange Stücke geschnitten
1 kleiner Daikon- oder Japanischer Rettich, gewaschen und in 1 cm breite Würfel geschnitten
Salz
1 EL Sonnenblumenöl
½ TL schwarze Senfsamen
1 kräftige Prise gemahlene Asafoetida (Seite 172)
½ TL Kreuzkümmel
10 Curryblätter
2 frische grüne Chilischoten, Stielansätze entfernt, in dünne Ringe geschnitten
½ TL gemahlene Kurkuma
2 reife Tomaten, grob gehackt
Frisch gepresster Saft von ½ Zitrone
1 kleine Handvoll frisches Koriandergrün, gewaschen und grob gehackt

Vorbereitungszeit: 10 Minuten
Garzeit: 35 Minuten
Für 4 Personen

1. Daikon und Linsen in einem Topf mit der doppelten Menge heißen Wassers bedecken. Aufkochen und zugedeckt etwa 30 Minuten köcheln lassen, bis die Mischung weich und cremig ist.

2. In der Zwischenzeit die Moringastängel in einem kleinen Topf gerade mit Wasser bedecken. Mit etwas Salz würzen, aufkochen und bei reduzierter Hitze zugedeckt 10 Minuten köcheln lassen.

3. Das Öl in einem großen Topf mit schwerem Boden stark erhitzen. Die Senfsamen hineingeben. Sobald sie aufplatzen, Asafoetida, Kreuzkümmel, Curryblätter und Chilischoten hinzufügen und 1 Minute rösten.

4. Die Kurkuma und die Linsen-Daikon-Mischung in den Topf geben, die Moringastängel mit der Garflüssigkeit dazugießen.

5. Das Curry unter ständigem Rühren aufkochen, Tomaten und etwas Salz untermischen. 2–3 Minuten garen, bis die Tomaten weich werden. Zuletzt Zitronensaft und Koriandergrün unterrühren.

DAHIWALE LOBHIA

Augenbohnen in Joghurtcurry

Augenbohnen liefern wertvolle Proteine. Sie enthalten wenig Natrium, aber viel Kalium und fördern einen gesunden Blutdruck.

150 g Augenbohnen aus der Dose (oder getrocknete Bohnen, über Nacht in kaltem Wasser eingeweicht), abgegossen und abgespült
2 EL fettarmer Joghurt (nach Möglichkeit probiotisch)
2 EL Sonnenblumenöl
1 TL Kreuzkümmel
1 kräftige Prise gemahlene Asafoetida (Seite 172)
1 mittelgroße Zwiebel, in dünne Ringe geschnitten
1 kleine frische grüne Chilischote, Stielansatz entfernt, sehr fein gehackt
1 EL Ingwer-Knoblauch-Paste (Seite 173)
½ TL gemahlene Kurkuma
2 TL Tomatenmark
1 TL Garam masala (Seite 173)
Salz
1 kleine Handvoll frisches Koriandergrün, gewaschen und fein gehackt

Vorbereitungszeit: 15 Minuten (+ Einweichzeit über Nacht bei getrockneten Bohnen)
Garzeit: 45 Minuten bei getrockneten Bohnen, 20 Minuten bei Bohnen aus der Dose
Für 4 Personen

1. Das Öl in einem Topf mit schwerem Boden stark erhitzen. Den Kreuzkümmel darin rösten, bis er zu bräunen beginnt.

2. Asafoetida hineinstreuen und die Zwiebel in der Mischung etwa 5 Minuten pfannenrühren, bis sie weich und goldgelb ist. Chilischote und Ingwer-Knoblauch-Paste gründlich untermischen.

3. Die Bohnen in den Topf geben, die Kurkuma darüberstreuen und 1 weitere Minute braten.

4. Tomatenmark und Garam masala unterrühren. Die Bohnenmischung mit Wasser bedecken und aufkochen. Bei reduzierter Hitze zugedeckt köcheln lassen. Bohnen aus der Dose sind nach etwa 10 Minuten gar, getrocknete Bohnen benötigen eine Garzeit von bis zu 40 Minuten. Werden getrocknete Bohnen verwendet, eventuell noch etwas Wasser hinzugießen, damit das Curry nicht zu trocken wird. Die gegarten Bohnen sollten noch nicht zerfallen sein. Um das fertige Curry leicht einzudicken, einige Bohnen mit der Gabel zerdrücken.

5. Zuletzt den Joghurt unterrühren und das Curry mit Koriandergrün garnieren.

RAJMA

Rote Kidneybohnen mit Tomaten

Wenn Sie für dieses Gericht getrocknete Kidneybohnen verwenden möchten, müssen diese über Nacht in kaltem Wasser eingeweicht, dann gründlich abgespült und mindestens eine Stunde in frischem Wasser gegart werden. Ich bevorzuge allerdings Bohnen aus der Dose, die ich vor der Verwendung wasche und abtropfen lasse, um das Salz zu entfernen.

1 Dose rote Kidneybohnen (400 g), abgegossen, abgespült und abgetropft
1 Dose gehackte Tomaten (400 g)
1 EL Sonnenblumenöl
½ TL Ingwer-Knoblauch-Paste (Seite 173)
½ TL gemahlene Kurkuma
½ TL Chilipulver
1 TL gemahlener Koriander
Salz
1 Handvoll frisches Koriandergrün, gewaschen und fein gehackt

Vorbereitungszeit: 5 Minuten
Garzeit: 15 Minuten
Für 4 Personen

1. Die Tomaten im Mixer fein pürieren.

2. Das Öl in einem Topf mit schwerem Boden erhitzen. Die Ingwer-Knoblauch-Paste und die gemahlenen Gewürze hineingeben und kurz durchrühren, damit nichts anhängt.

3. Die pürierte Tomaten aus dem Mixer hinzufügen und 2–3 Minuten bei starker Hitze garen, bis sich alles gut verbunden hat. Die Bohnen untermischen, mit etwas Salz abschmecken.

4. Bei reduzierter Hitze 5–7 Minuten leicht köcheln lassen. Mit Koriandergrün bestreuen und heiß servieren.

Ein Essen bei gestörtem Pitta-Gleichgewicht (siehe Seite 10)

- Rote Kidneybohnen mit Tomaten (Rajma)
- Gekochter Reis (Chaval), Seite 18
- Tindola mit Kokosnuss (Tendli upkari), Seite 115
- Gurken-Minz-Raita (Kheere pudina ka raita), Seite 136

MOOGA AMBAT

Mungobohnen-Kokos-Curry

Zur indischen Küche haben auch stets Bohnensprossen gehört. Die Sprossen von Bohnen und anderen Hülsenfrüchten enthalten weniger Kalorien und mehr Vitamine, Mineralstoffe und Proteine. Mungobohnensprossen beispielsweise haben einen höheren Gehalt an Vitamin C und Eisen als die Bohnen. Im Ayurveda gelten sie als kühlend und bekommen Menschen des Pitta-Typs besonders gut.

300 g Mungobohnen
150 g frisch geriebene oder fertige Kokosraspel
1 TL gemahlene Kurkuma
Salz
2 EL Sonnenblumenöl
1 TL Koriander
4 getrocknete Chilischoten, Stielansätze entfernt, zerkrümelt
1 TL Tamarindenmark, in 2 EL Wasser verrührt
1 mittelgroße Zwiebel, fein gehackt

Vorbereitungszeit: 20 Minuten (+ Einweichzeit über Nacht + 8 Stunden zum Keimen)
Garzeit: 30 Minuten
Für 4 Personen

1. Die Mungobohnen über Nacht in kaltem Wasser einweichen. Unter fließendem kaltem Wasser gründlich abspülen und in einem Sieb abtropfen lassen. An einem warmen Ort 8 Stunden keimen lassen.

2. Die Bohnensprossen in einem Topf mit Wasser bedecken, Kurkuma und Salz hinzugeben. Aufkochen und bei reduzierter Hitze 12–15 Minuten köcheln lassen, bis die Sprossen gar sind. Sie sollten die meiste Garflüssigkeit absorbiert haben.

3. In der Zwischenzeit 1 Esslöffel Öl in einem Topf mit schwerem Boden erhitzen und den Koriander und die Chilischoten darin rösten, bis sie zu bräunen beginnen. Kokosraspel und Tamarindenwasser hinzufügen.

4. Die Mischung mit einigen Esslöffeln Wasser im Mixer fein pürieren.

5. Das restliche Öl in einer Pfanne erhitzen und die Zwiebel darin in 5 Minuten weich braten.

6. Die Zwiebel zu den Bohnensprossen geben und das Kokospüree untermischen. Nochmals heiß werden lassen.

KALI DAL

Schwarze Linsen mit Gewürzen

Ganze schwarze Linsen sind eher schwer verdaulich, darum habe ich sie hier mit verdauungsfördernden Gewürzen kombiniert, wie etwa Asafoetida. Hinzu kommen Ingwer und Knoblauch, die ebenfalls den Verdauungsprozess (Agni) anregen.

150 g ganze schwarze Linsen, über Nacht in kaltem Wasser eingeweicht
2 EL Sonnenblumenöl
1 große Zwiebel, fein gehackt
1 EL Ingwer-Knoblauch-Paste (Seite 173)
1 kräftige Prise gemahlene Asafoetida (Seite 172)
1 TL gemahlene Kurkuma
1 TL Chilipulver
1 TL Garam masala (Seite 173)
2 große Tomaten, Stielansätze entfernt, grob gehackt
Salz
3–4 EL getrocknete rote Kidneybohnen, über Nacht in kaltem Wasser eingeweicht, danach mindestens 1 Stunde gegart
2 EL frisches Koriandergrün, gewaschen und fein gehackt

Vorbereitungszeit: 15 Minuten (+ Einweichzeit über Nacht)
Garzeit: 1 ¼ Stunden
Für 4 Personen

1. Das Öl in einem großen Topf mit schwerem Boden erhitzen und die Zwiebel darin bei hoher Temperatur in etwa 5 Minuten weich braten. Ingwer-Knoblauch-Paste und Asafoetida hinzugeben.

2. Die gemahlenen Gewürze und die Tomaten unterrühren. Einige Minuten garen, bis sich alles verbunden hat.

3. Die schwarzen Linsen abgießen und unter fließendem kaltem Wasser abspülen. Mit etwas Salz in den Topf geben und mit heißem Wasser (300 Milliliter) bedecken. Zum Kochen bringen und bei reduzierter Hitze etwa 1 Stunde köcheln lassen, bis die Linsen gar sind. Einige Linsen mit einer Gabel zerdrücken, um das Curry leicht einzudicken.

4. Die roten Kidneybohnen dazugeben und das Curry weitere 5 Minuten köcheln lassen. Mit Koriandergrün garnieren.

METHI DAL

Rote Linsen mit Tomaten und Bockshornklee

Die Samen des Bockshornklees haben eine leicht quadratische Form und eine senfgelbe Färbung. Mit ihrem eher bitteren Geschmack (Rasa) unterstützen sie die Entgiftung des Körpers. In Indien werden sie gern stillenden Müttern empfohlen, da sie die Milchproduktion fördern sollen, und im Ayurveda setzt man sie zum Gewichtsverlust und zu reinigenden Behandlungen ein. Eine Tasse Tee aus Bockshornklee pro Tag soll revitalisierend wirken.

220 g geschälte, halbierte rote Linsen, gewaschen und abgetropft
3 reife Tomaten, Stielansätze entfernt, grob gehackt
½ TL Bockshornkleesamen
2 EL Sonnenblumenöl
1 TL schwarze Senfsamen
1 kräftige Prise gemahlene Asafoetida (Seite 172)
12 Curryblätter
4 getrocknete rote Chilischoten, Stielansätze und Samen entfernt
1 TL gemahlene Kurkuma
Salz
1 kleine Handvoll frisches Koriandergrün, gewaschen und fein gehackt

Vorbereitungszeit: 5 Minuten
Garzeit: 35 Minuten
Für 4 Personen

1. Die Linsen mit der doppelten Menge Wasser in einen Topf füllen. Zum Kochen bringen und zugedeckt etwa 25 Minuten köcheln lassen, bis sie weich sind.

2. Das Öl in einem Topf mit schwerem Boden stark erhitzen. Die Senfsamen darin rösten, bis sie aufplatzen, dann Bockshornklee, Asafoetida, Curryblätter und Chilischoten dazugeben. Einige Sekunden rösten, bis die Bockshornkleesamen leicht zu bräunen beginnen.

3. Kurkuma und Tomaten hinzufügen, mit etwas Salz würzen und 3–4 Minuten garen, bis die Tomaten weich werden.

4. Die gegarten Linsen in den Topf geben und etwas Wasser hinzugießen, damit das Curry die Konsistenz einer dicken Suppe bekommt. Das Koriandergrün unterrühren, eventuell etwas nachwürzen. Heiß servieren.

DAL DHOKLI

Linsen mit Weizenklößchen

Dieses Curry wird mit Jaggery verfeinert, dem nicht raffinierten Rohzucker aus Zuckerrohr- oder Palmsaft (Seite 173), der in vielen indischen Gerichten Verwendung findet. Laut der *Sushruta Samhita*, einem alten medizinischen Text, unterstützt Jaggery die Blutreinigung und die Behandlung von Rheuma.

220 g geschälte, halbierte gelbe Linsen (Toor dal), gewaschen und abgetropft
1 EL Sonnenblumenöl
1 TL schwarze Senfsamen
½ TL Bockshornkleesamen
10 Curryblätter
½ TL Chilipulver
½ TL gemahlene Kurkuma
1 TL gemahlener Kreuzkümmel
1 TL gemahlener Koriander
Salz
1 TL Tamarindenmark, in 2–3 EL Wasser verrührt
1 TL Jaggery (siehe Einleitung) oder brauner Zucker

FÜR DIE KLÖSSCHEN
150 g Vollkornweizenmehl (Atta, in indischen Lebensmittelläden erhältlich)
½ TL gemahlene Kurkuma
½ TL Chilipulver
Salz

Vorbereitungszeit: 25 Minuten
Garzeit: 45 Minuten
Für 4 Personen

1. Die Linsen mit der doppelten Menge Wasser in einen Topf füllen und zum Kochen bringen. Bei reduzierter Hitze zugedeckt 30 Minuten köcheln lassen, bis die Linsen weich und cremig sind.

2. In der Zwischenzeit die Zutaten für die Klößchen in einer Schüssel vermischen und mit etwas Wasser zu einem weichen Teig verarbeiten. So lange kneten, bis der Teig nicht mehr klebt. Zu 10 gleich großen Kugeln formen.

3. Das Öl in einem Topf mit schwerem Boden stark erhitzen und die Senf- und Bockshornkleesamen darin rösten. Sobald sie aufplatzen und zu bräunen beginnen, Curryblätter, gemahlene Gewürze, Salz, Tamarindenwasser und Jaggery oder braunen Zucker hinzufügen.

4. Die gegarten Linsen dazugießen und aufkochen.

5. Die Teigkugeln jeweils zu 5 Millimeter dicken Kreisen ausrollen und mit einem scharfen Messer zu gleichmäßigen Rauten schneiden.

6. Sobald das Curry kocht, die Klößchen hineingeben und 3–4 Minuten mitgaren, bis sie schön weich sind.

CHANNA MASALEDAR

Würzige Kichererbsen

Kichererbsen in Dosen gehören zu den wichtigsten Vorräten in meiner Küche, denn sie sind wunderbar vielseitig. Sie enthalten viele Proteine und lassen sich gut kombinieren – mit einem Salat und etwas Couscous entsteht daraus zum Beispiel ein schnelles, gesundes Essen. Außerdem bereite ich aus Kichererbsen einen schmackhaften Dip, der an Hummus erinnert, aber mit Chili und Knoblauch gewürzt wird.

1 Dose Kichererbsen (400 g), abgegossen und abgespült
2 EL Sonnenblumenöl
2 mittelgroße Zwiebeln, in dünne Ringe geschnitten
1 EL Ingwer-Knoblauch-Paste (Seite 173)
2 EL Tomatenmark
1 TL gemahlene Kurkuma
½ TL Chilipulver
1 TL gemahlener Koriander
1 TL gemahlener Kreuzkümmel
Salz

Vorbereitungszeit: 15 Minuten
Garzeit: 15 Minuten
Für 4 Personen

1. In einem Topf mit schwerem Boden 1 Esslöffel Öl erhitzen und die Zwiebeln darin bei hoher Temperatur weich braten.

2. Ingwer-Knoblauch-Paste und Tomatenmark unterrühren und braten, bis die Mischung cremig ist.

3. Leicht abkühlen lassen, in einen Mixer füllen und mit einigen Esslöffeln Wasser zu einer feinen Currypaste pürieren.

4. Den Topf ausspülen und das restliche Öl darin erhitzen. Die gemahlenen Gewürze zusammen mit den Kichererbsen hineingeben, damit die Gewürze nicht anbrennen.

5. Die Currypaste und etwas Salz gründlich untermischen.

6. Zuletzt 150 Milliliter Wasser dazugießen und zum Kochen bringen. Bei reduzierter Hitze 5 Minuten köcheln lassen, bis sich alle Zutaten verbunden haben.

Gemüsecurrys

Vegetarier können in Indien aus einer Fülle verschiedener Gemüsesorten wählen. Ob Bittergurken (oder Bitterkürbisse, Karela), Tindola, Okraschoten, Auberginen oder Kürbisse, es scheint fast für jeden Tag ein anderes Gemüse zu geben.

Viele Gemüsesorten enthalten wirksame Antioxidationsmittel wie Vitamin C, die den Körper vor allem nach großer Anstrengung oder Krankheit stärken. Außerdem ist Gemüse reich an wertvollen Ballaststoffen, die eine gesunde Verdauung unterstützen.

Ayurvedisches Wissen

Das meiste Gemüse gilt als feucht, nahrhaft und leicht verdaulich, wenn es gegart und richtig gewürzt wird. Unterschiedliche Gemüsesorten beeinflussen den Körper auf unterschiedliche Weise. Wärmendes Gemüse, wie Auberginen und Rote Bete, eignet sich am besten für Vata- und Kapha-Typen. Kühlendes Gemüse, etwa Weißkohl und Blumenkohl, ist eher für Pitta-Typen geeignet.

BHOPLYACHI BHAJI

Süßsaures Kürbiscurry

Kürbis ist reich an Ballaststoffen und natürlichen Antioxidantien und enthält viel Vitamin A, welches das Sehvermögen und das Immunsystem stärkt. Ich bereite Kürbis (z. B. Hokkaido) meist mit der Schale zu. Das ist nicht nur gesünder, es schmeckt auch gut, und das Kürbisfleisch behält seine Form.

300 g Kürbisfleisch, gewaschen und in 2,5 cm breite Würfel geschnitten
2 EL Sonnenblumenöl
3 getrocknete rote Chilischoten, Stielansätze und Samen entfernt
½ TL Kreuzkümmel
6 schwarze Pfefferkörner
1 TL weiße Mohnsamen
½ TL Bockshornkleesamen
5 EL frisch geriebene oder fertige Kokosraspel
½ TL schwarze Senfsamen
1 EL Tamarindenmark, in 6 EL Wasser verrührt
1 EL Jaggery (Seite 173) oder brauner Zucker
Salz

Vorbereitungszeit: 15 Minuten
Garzeit: 40 Minuten
Für 4 Personen

1. In einem Topf mit schwerem Boden 1 Esslöffel Öl erhitzen. Chilischoten, Kreuzkümmel, Pfefferkörner, Mohnsamen und Bockshornklee bei starker Hitze rösten, bis sie zu bräunen beginnen.

2. Die Hitze reduzieren, die Kokosraspel hinzugeben und goldbraun braten. Die Mischung leicht abkühlen lassen und dann im Mixer mit einigen Esslöffeln Wasser zu einer feinen Paste pürieren.

3. Den Topf reinigen und das restliche Öl darin stark erhitzen. Die Senfsamen hineingeben und aufplatzen lassen. Nun das gewürfelte Kürbisfleisch hinzufügen und im heißen Öl wenden.

4. Tamarindenwasser, Jaggery oder braunen Zucker und etwas Salz untermischen.

5. Die Paste aus dem Mixer dazugeben und das Curry zum Kochen bringen. Bei reduzierter Hitze 12–15 Minuten köcheln lassen, bis das Kürbisfleisch weich ist.

DOODHI CHANNA

Flaschenkürbis mit Kichererbsen

Im Ayurveda schätzt man den Flaschenkürbis *(doodhi)* als kühlendes, harntreibendes Gemüse. Der basische Flaschenkürbis kann zudem Übersäuerung und Magenbeschwerden lindern.

1 mittelgroßer Flaschenkürbis
3 EL geschälte, halbierte gelbe Kichererbsen *(channa dal)*, gewaschen
2 EL Sonnenblumenöl
1 TL Kreuzkümmel
1 Prise gemahlene Asafoetida (Seite 172)
½ TL gemahlene Kurkuma
Salz
1 TL gemahlener Koriander
1 Stück frischer Ingwer (2,5 cm), Haut abgeschabt, gerieben
1 reife Tomate, Stielansatz entfernt, grob gehackt
1 Handvoll frisches Koriandergrün, gewaschen und fein gehackt

Vorbereitungszeit: 10 Minuten
Garzeit: 30 Minuten
Für 4 Personen

1. Die Kichererbsen in etwas Wasser einweichen. Inzwischen den Flaschenkürbis schälen und in 1 cm breite Würfel schneiden.

2. Das Öl in einem Topf mit schwerem Boden erhitzen. Den Kreuzkümmel darin bei starker Hitze rösten, bis er zu bräunen beginnt, dann Asafoetida und Kurkuma hinzugeben. Die Kichererbsen abgießen und mit 150 Millilitern Wasser in den Topf geben. Zum Kochen bringen und bei reduzierter Hitze in etwa 10 Minuten weich garen.

3. Flaschenkürbis, Salz, Koriander, Ingwer und Tomate untermischen. Erneut aufkochen und falls nötig, noch etwas Wasser dazugießen, damit das Curry nicht zu trocken wird.

4. Die Hitze reduzieren und das Curry zugedeckt 15 Minuten köcheln lassen. Mit Koriandergrün garnieren.

GUCCHI METHI ALOO

Bockshornklee mit Kartoffeln und Pilzen

Die Samen des Bockshornklees werden zum Würzen verwendet, das Grün dagegen als Gemüse. Samen wie Blätter duften curryartig und haben einen leicht bitteren Geschmack, der im Ayurveda für die Entgiftung geschätzt wird.

1 Bund frisches Bockshornkleegrün (*methi*, in indischen Lebensmittelläden erhältlich, Seite 172)
2 große Kartoffeln, gewaschen und in 2 cm breite Würfel geschnitten
1 Handvoll kleine feste Champignons, gewaschen und in Scheiben geschnitten
1 EL Sonnenblumenöl
½ TL Kreuzkümmel
2 mittelgroße Zwiebeln, in dünne Ringe geschnitten
¼ TL Chilipulver
1 TL gemahlener Koriander
2 große Tomaten, Stielansätze entfernt, grob gehackt
Salz

Vorbereitungszeit: 15 Minuten
Garzeit: 25 Minuten
Für 4 Personen

1. Die Blätter des Bockshornklees mit den Stielen von den dicken Stängeln lösen. Die Stängel wegwerfen, die Blätter waschen, trocken schwenken und hacken.

2. Das Öl in einem Topf mit schwerem Boden erhitzen und den Kreuzkümmel darin bei starker Hitze rösten, bis er zu bräunen beginnt. Die Zwiebeln hinzufügen und in etwa 5 Minuten weich braten.

3. Die Kartoffeln in den Topf geben und den Topf schwenken, um sie mit heißem Öl und Gewürzen zu bedecken. Den Bockshornklee dazugeben und pfannenrühren, bis die Blätter weich werden.

4. Nun die restlichen Zutaten und 100 Milliliter Wasser hinzufügen. Aufkochen und dann zugedeckt bei schwacher Hitze 15 Minuten köcheln lassen, bis die Kartoffeln weich sind.

KHUMB KORMA

Mildes Pilzcurry

Pilze werden im Ayurveda als *tamasic* klassifiziert. Damit gehören sie zusammen mit Alkohol und Fleisch zu jenen Lebensmitteln, die Lethargie und Befangenheit fördern, und sollten nur in Maßen genossen werden.

300 g Champignons, gewaschen und in Scheiben geschnitten
1 große Zwiebel, in dünne Ringe geschnitten
1 frische grüne Chilischote, Stielansatz entfernt, fein gehackt
50 g Cashewnüsse
2 EL Sonnenblumenöl
2 TL Ingwer-Knoblauch-Paste (Seite 173)
Salz
1 TL gemahlener Koriander
1 TL gemahlener Kreuzkümmel
½ TL Garam masala (Seite 173)

Vorbereitungszeit: 10 Minuten
Garzeit: 25 Minuten
Für 4 Personen

1. Zwiebel, Chilischote und Cashewnüsse in einem kleinen Topf mit Wasser bedecken. Zum Kochen bringen und etwa 10 Minuten köcheln lassen, bis die Zwiebel weich ist. In einen Mixer geben und fein pürieren.

2. Das Öl in einem Topf mit schwerem Boden stark erhitzen. Zuerst die Ingwer-Knoblauch-Paste, dann die Pilze hineingeben.

3. Mit etwas Salz würzen, den gemahlenen Koriander und Kreuzkümmel darüberstreuen. Kurz durchrühren, um die Pilze mit den Gewürzen zu bedecken, und die Mischung aus dem Mixer hinzugeben.

4. Unter ständigem Rühren aufkochen und 10 Minuten köcheln lassen, bis die Pilze weich sind.

5. Zuletzt mit dem Garam masala bestreuen.

BAINGAN CHOLAY MASALA

Auberginen-Kichererbsen-Curry

In der indischen Küche werden zweierlei Arten von Kichererbsen verwendet – die kleinen, dunkleren und die großen, helleren Sorten, die man auch im Westen kennt. Sie alle sind reich an Kohlenhydraten, Proteinen und Zink.

1 mittelgroße Aubergine, in 2,5 cm breite Würfel geschnitten
200 g Kichererbsen aus der Dose, abgegossen und abgespült
2 EL Sonnenblumenöl
2 mittelgroße Zwiebeln, in dünne Ringe geschnitten
2 TL Ingwer-Knoblauch-Paste (Seite 173)
2 EL Tomatenmark
1 frische grüne Chilischote, Stielansatz entfernt, fein gehackt
1 TL gemahlene Kurkuma
1 TL gemahlener Koriander
Salz
2 EL frisches Koriandergrün, gewaschen und fein gehackt, plus etwas mehr zum Garnieren

Vorbereitungszeit: 10 Minuten
Garzeit: 30 Minuten
Für 4 Personen

1. In einem Topf mit schwerem Boden 1 Esslöffel Öl erhitzen und die Zwiebeln darin bei starker Hitze in etwa 5 Minuten weich braten.

2. Ingwer-Knoblauch-Paste und Tomatenmark dazugeben und weiter braten, bis die Mischung cremig ist. Die Chilischote hinzufügen.

3. Leicht abkühlen lassen, dann im Mixer mit einigen Esslöffeln Wasser (bei Bedarf) fein pürieren.

4. Den Topf reinigen und das restliche Öl darin erhitzen. Die Aubergine und die gemahlenen Gewürze hineingeben und 1 Minute pfannenrühren.

5. Das Püree aus dem Mixer hinzugeben, mit etwas Salz würzen.

6. 100 Milliliter Wasser dazugießen und unter ständigem Rühren aufkochen.

7. Die Kichererbsen untermischen, die Hitze reduzieren. Zugedeckt etwa 15 Minuten köcheln lassen, bis die Aubergine weich ist.

8. Mit Koriandergrün garnieren.

MAKKAI PALAK

Spinat-Mais-Curry

Spinat wird in ganz Indien reichlich verwendet. Der Ayurveda stuft ihn als kühlendes, beruhigendes Gemüse ein, darum habe ich ihn hier mit wärmenden Gewürzen kombiniert, die das Feuer der Verdauung entfachen. Zwar ist Spinat reich an Eisen, doch die ebenfalls enthaltene Oxalsäure blockiert die Aufnahme des Eisens im Körper. Um dies auszugleichen, sollten Sie das Gemüse mit tierischen Proteinen oder Gemüse genießen, das viel Vitamin C enthält, etwa Tomaten, Brokkoli oder Kartoffeln.

450 g Spinat, gewaschen und abgetropft
4 EL Gemüsemais (tiefgekühlt oder aus der Dose)
2 EL Sonnenblumenöl
½ TL Kreuzkümmel
1 Stück frischer Ingwer (2,5 cm), Haut abgeschabt, fein gerieben
2 große Tomaten, Stielansätze entfernt, grob gehackt
½ TL Chilipulver
½ TL Garam masala (Seite 173)
Salz

Vorbereitungszeit: 10 Minuten
Garzeit: 25 Minuten
Für 4 Personen

1. Den Spinat in einem Topf mit schwerem Boden etwa 5 Minuten dünsten, bis er zusammenfällt. Leicht abkühlen lassen und dann im Mixer mit dem Sud aus dem Topf zu einem dicken Püree verarbeiten.

2. Das Öl in einem weiteren Topf mit schwerem Boden erhitzen und den Kreuzkümmel darin rösten, bis er zu bräunen beginnt.

3. Ingwer und Tomaten hinzugeben und 2–3 Minuten unter Rühren weich garen.

4. Gemüsemais, Chili und Garam masala in den Topf geben und mit Salz abschmecken. 5–6 Esslöffel Wasser hinzufügen und die Mischung aufkochen. Bei reduzierter Hitze 5 Minuten leicht köcheln lassen, bis der Mais gar ist.

5. Zuletzt den pürierten Spinat unterrühren und nochmals erhitzen.

BHINDI KADHI

Okracurry mit Kichererbsenmehl

Kichererbsenmehl ist eine vielseitige Zutat, die in ganz Indien oft zum Einsatz kommt. Man verwendet es beispielsweise für Zwiebel-Bhajia und zum Eindicken vieler Currys. Hergestellt wird es aus gemahlenen kleinen gelben Kichererbsen *(channa dal)*. Es enthält reichlich Kohlenhydrate, ist jedoch glutenfrei und eignet sich darum ideal für Menschen mit Glutenallergie.

300 g Okraschoten, gewaschen, trockengetupft und längs halbiert
2 EL Kichererbsenmehl, ohne Fett bei schwacher Hitze 7–8 Minuten geröstet, um den Geschmack zu verstärken
2 EL Sonnenblumenöl
½ TL Bockshornkleesamen
3–4 Curryblätter
1 TL fein geriebener frischer Ingwer, plus etwas mehr zum Garnieren
2 mittelgroße Kartoffeln, gewaschen und in 2 cm breite Würfel geschnitten
½ TL gemahlene Kurkuma
½ TL Chilipulver
2 EL Tomatenmark
1 TL Tamarindenmark
Salz

Vorbereitungszeit: 15 Minuten
Garzeit: 30 Minuten
Für 4 Personen

1. Das Öl in einem Topf mit schwerem Boden erhitzen. Bockshornklee und Curryblätter hineingeben und bei mittlerer Hitze leicht bräunen, dann den Ingwer einrühren.

2. Die Kartoffeln und die gemahlenen Gewürze dazugeben, 5–6 Esslöffel Wasser hinzufügen und 7–8 Minuten garen, bis die Kartoffeln halb gar sind. Die Okraschoten unterrühren.

3. In einer Schüssel Kichererbsenmehl, Tomaten- und Tamarindenmark mit etwas Wasser zu einer glatten Paste verarbeiten. Die Paste zum Gemüse geben, 300 Milliliter Wasser hinzugießen und aufkochen. Dabei ununterbrochen rühren, damit das Mehl nicht anhängt. Mit etwas Salz würzen. Bei reduzierter Hitze etwa 12 Minuten köcheln lassen, bis die Kartoffeln und die Okras weich sind und das Curry eingedickt ist. Mit feinen Ingwerstreifen garnieren.

CHUKANDAR KI SUBZI

Rote Bete mit Kidneybohnen

Im Ayurveda gilt Rote Bete als wärmend, süß und feucht, und wegen ihres hohen Gehalts an Ballaststoffen regt sie die Verdauung an. Die löslichen Ballaststoffe tragen außerdem zu einem niedrigeren Cholesterinspiegel bei. Rote Bete enthält viel Folsäure, die vor einem zu hohen Blutdruck und Alzheimer schützen kann.

4 gegarte Rote Bete, in 2 cm breite Würfel geschnitten
1 Dose rote Kidneybohnen (400 g), abgegossen und abgespült
1 EL Sonnenblumenöl
½ TL Senfsamen
¼ TL Kreuzkümmel
1 Prise gemahlene Asafoetida (Seite 172)
5 Curryblätter
½ TL Chilipulver
½ TL gemahlener Koriander
3 EL frisches Koriandergrün, gewaschen und fein gehackt
1 EL Kokosraspel

Vorbereitungszeit: 10 Minuten
Garzeit: 15 Minuten
Für 4 Personen

1. Die Hälfte der Kidneybohnen in eine Schüssel füllen und mit einer Gabel zerdrücken. Die restlichen Bohnen ganz belassen.

2. Das Öl in einem Topf mit schwerem Boden stark erhitzen und die Senfsamen darin rösten, bis sie aufplatzen. Kreuzkümmel, Asafoetida und Curryblätter dazugeben.

3. Die zerdrückten und ganzen Kidneybohnen sowie 150 Milliliter Wasser hinzufügen. Unter ständigem Rühren zum Kochen bringen.

4. Die gemahlenen Gewürze über das Curry streuen und dann sachte die Rote Bete, das Koriandergrün und die Kokosraspel unterrühren. Noch 2–3 Minuten köcheln lassen.

MUTTER PANEER

Erbsen mit indischem Käse

Indischer Frischkäse, bekannt als *paneer*, besitzt wunderbare kühlende Eigenschaften für Pitta- und Vata-Typen, auf die er harmonisierend wirkt. Für Kapha-Typen ist der Käse bei regelmäßigem Verzehr jedoch zu schwer, aber dennoch leichter verdaulich als die meisten Hartkäse. Paneer bekommt man in indischen Lebensmittelläden und asiatischen Supermärkten, aber Sie können ihn natürlich auch selbst herstellen (siehe Seite 173).

300 g tiefgekühlte Erbsen
150 g Paneer (siehe Einleitung), in 2,5 cm breite Würfel geschnitten
2 mittelgroße Zwiebeln, grob gehackt
2 EL Sonnenblumenöl
2 TL Ingwer-Knoblauch-Paste (Seite 173)
2 EL Tomatenmark
Salz
½ TL Chilipulver
1 TL gemahlene Kurkuma
1 TL gemahlener Kreuzkümmel

Vorbereitungszeit: 10 Minuten
Garzeit: 25 Minuten
Für 4 Personen

1. Die Zwiebeln in einem kleinen Topf gerade mit Wasser bedecken. Zum Kochen bringen und bei reduzierter Hitze köcheln lassen, bis sie weich und glasig sind. Mit der Garflüssigkeit in einen Mixer füllen und zu einer feinen Paste pürieren.

2. Das Öl in einem Topf mit schwerem Boden erhitzen und die Ingwer-Knoblauch-Paste darin 1 Minute bei starker Hitze braten.

3. Die Paste aus dem Mixer hinzugeben und unter Rühren 2–3 Minuten weiter garen. Nun das Tomatenmark, etwas Salz und die Gewürze dazugeben.

4. Die Erbsen und 100 Milliliter Wasser hinzufügen. Zum Kochen bringen und bei reduzierter Hitze 5 Minuten köcheln lassen.

5. Die Paneer-Würfel auf dem Curry verteilen und noch 1 Minute köcheln lassen, bis sie weich werden.

FARASBEAN BHAJI

Grüne Bohnen in Tomatencurry

Grüne Bohnen werden von allen drei Doshas (Energietypen) gut vertragen. Sie stecken voller wichtiger Ballaststoffe und sind ein hervorragender Lieferant für die Vitamine A, C und K, die wir für gesunde Knochen benötigen.

300 g grüne Bohnen, Enden entfernt, in 2 cm lange Stücke geschnitten
1 Dose gehackte Tomaten (400 g)
2 EL Sonnenblumenöl
1 TL schwarze Senfsamen
1 TL Kreuzkümmel
1 kräftige Prise gemahlene Asafoetida (Seite 172)
1 große Zwiebel, fein gehackt
½ TL gemahlene Kurkuma
½ TL Chilipulver
1 TL gemahlener Koriander
Salz
2 EL Cashewnüsse

Vorbereitungszeit: 15 Minuten
Garzeit: 25 Minuten
Für 4 Personen

1. Das Öl in einem Topf mit schwerem Boden stark erhitzen und die Senfsamen hineingeben. Sobald sie aufplatzen, Kreuzkümmel und Asafoetida dazugeben. Den Kreuzkümmel leicht bräunen, dann die Zwiebel hinzufügen und in 5 Minuten weich braten.

2. Grüne Bohnen, gemahlene Gewürze und Salz hinzugeben.

3. Die Tomaten in den Topf gießen, aufkochen und bei reduzierter Hitze 10 Minuten köcheln lassen, bis die Bohnen gar sind. Die Cashewnüsse untermischen, vom Herd nehmen.

FLOWERCHA RASSA

Blumenkohl mit Kokos und Pfeffer

Im Ayurveda gilt Blumenkohl als kalt und schwer, und deshalb eignet er sich am besten für Pitta- und Kapha-Typen. Vata-Typen sollten ihn jedoch meiden, obwohl er durch die Zubereitung mit Gewürzen besser verträglich wird.

450 g Blumenkohl, in Röschen zerteilt
150 g frisch geriebene oder fertige Kokosraspel
10 schwarze Pfefferkörner
2 EL Sonnenblumenöl
5 Gewürznelken
1 EL gemahlener Koriander
1 mittelgroße Zwiebel, fein gehackt
1 TL gemahlene Kurkuma
½ TL Chilipulver
2 große Tomaten, Stielansätze entfernt, grob gehackt
Salz

Vorbereitungszeit: 15 Minuten
Garzeit: 25 Minuten
Für 4 Personen

1. In einem Topf mit schwerem Boden 1 Esslöffel Öl erhitzen. Pfefferkörner, Gewürznelken und Koriander darin 1 Minute bei starker Hitze rösten, damit sie ihr Aroma entfalten.

2. Die Zwiebel dazugeben und unter Rühren gleichmäßig bräunen. Die Kokosraspel hinzufügen und ebenfalls bräunen. Vom Herd nehmen und leicht abkühlen lassen, dann im Mixer mit einigen Esslöffeln Wasser fein pürieren.

3. Den Topf reinigen und das restliche Öl darin stark erhitzen. Die Blumenkohlröschen hineingeben und einige Minuten pfannenrühren. Gemahlene Gewürze, Tomaten und etwas Salz hinzufügen und 5 Minuten garen, bis sich alles gut verbunden hat.

4. Das Püree aus dem Mixer dazugeben, mit 150 Millilitern Wasser bedecken. Aufkochen und bei reduzierter Hitze 10–12 Minuten köcheln lassen, bis der Blumenkohl gerade so weich ist, dass man mit dem Messer hineinstechen kann.

Ein vegetarisches Weihnachtsessen

- Blumenkohl mit Kokos und Pfeffer (Flowercha rassa)
- Würzige Frühlingszwiebeln (Kandyacha zunka), Seite 110
- Weizenschrot mit Tomaten (Tomatochi lapsi), Seite 19
- Dicke Bohnen mit schwarzem Salz und Koriander (Seim phalli ka chaat), Seite 141
- Süßes Tamarinden-Gemüse-Chutney (Meethi imli ki chutney), Seite 149
- Kichererbsenpudding mit Jaggery (Madgane), Seite 167

HIRVYA FLOWERCHE SUKKE

Brokkoli-Tamarinden-Curry

Jaggery, Rohzucker aus Zuckerrohr- oder Palmsaft (Seite 173), ist außerhalb Indiens nicht so leicht erhältlich – als Ersatz eignet sich brauner Zucker. Statt Brokkoli passen auch Blumenkohl oder Erbsen zur säuerlichen Tamarinde.

300 g Brokkoli, in Röschen zerteilt
1 TL Tamarindenmark, in 6 EL Wasser verrührt
2 EL Sonnenblumenöl
1 TL halbierte Urdbohnen *(urad dal)*
1 TL gemahlener Koriander
5 getrocknete rote Chilischoten, Stielansätze entfernt
4 EL frisch geriebene oder fertige Kokosraspel
½ TL gemahlene Kurkuma
Salz
½ TL Jaggery (siehe Einleitung) oder brauner Zucker

Vorbereitungszeit: 15 Minuten
Garzeit: 30 Minuten
Für 4 Personen

1. In einem Topf mit schwerem Boden 1 Esslöffel Öl erhitzen. Urdbohnen, Koriander und Chilischoten darin leicht bräunen.

2. Die Kokosraspel hineingeben und ebenfalls bräunen. Dabei ununterbrochen rühren, damit sie nicht anhängen. Vom Herd nehmen und leicht abkühlen lassen. Im Mixer mit dem Tamarindenwasser und einigen zusätzlichen Esslöffeln Wasser fein pürieren, sodass die Mischung die Konsistenz flüssiger Sahne bekommt. Die Kurkuma unterrühren.

3. Das restliche Öl in einem Topf mit schwerem Boden stark erhitzen. Den Brokkoli hineingeben, mit Salz und Jaggery oder braunem Zucker würzen und die Mischung aus dem Mixer hinzugießen.

4. Unter Rühren aufkochen und bei reduzierter Hitze 8–9 Minuten garen, bis der Brokkoli weich ist.

Eiercurrys

Eier sind ein besonders reichhaltiger Lieferant von Proteinen und Nährstoffen wie Eisen, Phosphor und Zink. Außerdem enthalten sie Vitamin D, das für die Aufnahme von Kalzium und für gesunde Knochen wichtig ist.

An zahllosen indischen Straßenständen werden zu jeder Tageszeit gekochte Eier mit Chili und Salz als Snack für wenig Geld verkauft – eine besonders unkomplizierte Art, wertvolle Proteine zu sich zu nehmen.

Ayurvedisches Wissen

Eier gelten im Ayurveda als adstringierend und schwer, mit einer süßen, wärmenden Wirkung. Es scheint, dass sie Pitta und Kapha verstärken, Vata jedoch mindern.

BAIDA KHUMB MALABARI

Eier und Pilze in Kokoscurry

Werden Gewürze wie Kreuzkümmel ohne Fett geröstet, verstärkt sich ihr Aroma, und sie lassen sich leichter mahlen. Man erhitzt die Samen einfach ohne Fett in einem Topf, bis sie leicht zu bräunen beginnen und aromatisch duften.

4 Bio-Eier, in 10–12 Minuten hart gekocht, gepellt und halbiert
300 g kleine feste Champignons, gewaschen und in dicke Scheiben geschnitten
4 EL Kokosraspel
1 EL Koriander
4 Gewürznelken
½ TL Kardamomsamen (von 6 grünen Kardamomkapseln)
2 EL Sonnenblumenöl
1 TL Senfsamen
10 Curryblätter
3 getrocknete rote Chilischoten, Stielansätze und Samen entfernt
Salz
300 ml Kokosmilch

Vorbereitungszeit: 15 Minuten
Garzeit: 15 Minuten
Für 4 Personen

1. Eine kleine Pfanne erhitzen. Koriander, Gewürznelken und Kardamom darin bei mittlerer Hitze rösten, bis sie zu bräunen beginnen. Die Kokosraspel hinzugeben und bei reduzierter Hitze pfannenrühren, bis die Kokosraspel eine goldbraune Farbe haben. Die Mischung in einen Mixer geben und mit einigen Esslöffeln Wasser zu einer feinen Paste pürieren.

2. Das Öl in einem Topf mit schwerem Boden stark erhitzen und die Senfsamen hineinstreuen. Sobald sie aufplatzen, Curryblätter, Chilischoten und etwas Salz hinzufügen. Die Mischung aus dem Mixer dazugeben, Kokosmilch und Pilze hinzufügen.

3. Das Curry unter ständigem Rühren zum Kochen bringen, dann die Hitze reduzieren und die Eier im Topf verteilen. Noch etwa 1 Minute köcheln lassen, bis die Eier heiß sind. Sofort servieren.

BAIDA RATAN CURRY

Fruchtiges Eiercurry

Eier sind mitunter schwer verdaulich, darum kombiniere ich sie in diesem Curry mit kühlender Ananas. Im Ayurveda gilt die Ananas als *tridoshic*, das heißt, sie eignet sich für alle drei Energietypen (Doshas). Allerdings kann sie bei übermäßigem Genuss auf Kapha reizend wirken. Versuchen Sie, für dieses Curry ungeschwefelte Trockenaprikosen zu bekommen, am besten Hunza-Aprikosen.

8 Bio-Eier, in 10–12 Minuten hart gekocht, gepellt und halbiert
2 dicke Scheiben frische Ananas, in 1 cm breite Stücke geschnitten
8 getrocknete ungeschwefelte Aprikosen, grob gehackt
2 EL Sonnenblumenöl
1 große Zwiebel, in dünne Ringe geschnitten
1 EL Ingwer-Knoblauch-Paste (Seite 173)
1 TL Mohnsamen
2 frische grüne Chilischoten, Stielansätze entfernt, fein gehackt
1 Handvoll frische Minze
½ TL Kreuzkümmel
2 reife Tomaten, Stielansätze entfernt, grob gehackt
1 TL gemahlene Kurkuma
1 TL Garam masala (Seite 173)
Salz
300 ml Kokosmilch

Vorbereitungszeit: 15 Minuten
Garzeit: 25 Minuten
Für 4 Personen

1. In einem Topf mit schwerem Boden 1 Esslöffel Öl erhitzen und die Zwiebel darin in 5 Minuten bei starker Hitze weich braten. Ingwer-Knoblauch-Paste, Mohnsamen und Chilischoten dazugeben und 1 weitere Minute braten.

2. Vom Herd nehmen, leicht abkühlen lassen und die Mischung in einen Mixer geben. Die Minzeblätter hinzufügen und alles mit 2–3 Esslöffeln Wasser zu einer feinen Paste pürieren.

3. Den Topf reinigen und das restliche Öl darin stark erhitzen. Den Kreuzkümmel hineingeben und leicht bräunen, dann die Tomaten und die gemahlenen Gewürze unterrühren. So lange weiterrühren, bis die Tomaten weich zu werden beginnen.

4. Die Paste aus dem Mixer untermischen, die Eier im Topf verteilen und das Curry mit Salz würzen. Die Kokosmilch dazugießen und zum Kochen bringen. Bei reduzierter Hitze noch 1 Minute köcheln lassen. Vom Herd nehmen und Ananas und Aprikosen auf dem Curry verteilen.

BAIDA PALAK CURRY

Eier-Spinat-Curry

Eiercurrys sind eine beliebte Spezialität indischer Cafés. Für diese Variante habe ich frischen Spinat gewählt, der dem Curry eine cremige Konsistenz und kräftige Farbe verleiht. Die verwendeten Eier müssen Sie zuvor bei starker Hitze 10 bis 12 Minuten kochen.

8 große Bio-Eier, in 10–12 Minuten hart gekocht, gepellt und halbiert
300 g Spinat, gewaschen, abgetropft und gehackt
2 EL Sonnenblumenöl
½ TL Kreuzkümmel
2 mittelgroße Zwiebeln, fein gehackt
1 EL Ingwer-Knoblauch-Paste (Seite 173)
2 EL Tomatenmark
½ TL gemahlene Kurkuma
½ TL Chilipulver
1 TL Garama masala (Seite 173)
Salz

Vorbereitungszeit: 15 Minuten
Garzeit: 30 Minuten
Für 4 Personen

1. Den Spinat in einem Topf dünsten, bis er zusammenfällt.

2. Das Öl in einem Topf mit schwerem Boden stark erhitzen und den Kreuzkümmel darin rösten. Sobald er zu bräunen beginnt, die Zwiebeln hinzugeben und in etwa 5 Minuten weich braten.

3. Ingwer-Knoblauch-Paste und Tomatenmark unterrühren. Gewürze und etwas Salz hinzufügen und die Mischung 5–6 Minuten garen. Falls sie am Topfboden anhängen sollte, die Hitze reduzieren.

4. Nun den Spinat mit dem Sud aus dem Topf untermischen und weitere 5 Minuten köcheln lassen.

5. Zuletzt die Eier vorsichtig im Topf verteilen und heiß werden lassen.

ANDE KI BHURJI

Pikante Rühreier

Diese indische Variante von Rührei erhält durch die Gewürze und Chilischoten Pfiff, die Zwiebeln und Tomaten sorgen für eine leichte Süße. Für zusätzlichen Biss habe ich noch Kürbiskerne hinzugegeben. Sie sind reich an Phytosterinen, die zur Senkung des Cholesterinspiegels beitragen. Die Rühreier passen gut zu Fladenbrot mit Spinat (Palak roti, Seite 28).

6 große Bio-Eier
Salz
Frisch gemahlener schwarzer Pfeffer
2 EL Sonnenblumenöl
½ TL Kreuzkümmel
1 kleine Zwiebel, fein gehackt
2 frische grüne Chilischoten, Stielansätze entfernt, fein gehackt
2 reife Tomaten, Stielansätze entfernt, grob gehackt
1 Handvoll frisches Koriandergrün, gewaschen und fein gehackt
2 TL Kürbiskerne

Vorbereitungszeit: 10 Minuten
Garzeit: 15 Minuten
Für 4 Personen

1. Die Eier in einer großen Schüssel verschlagen und mit Salz und Pfeffer würzen.

2. Das Öl in einer Pfanne mit schwerem Boden stark erhitzen und den Kreuzkümmel darin rösten, bis er zu bräunen beginnt.

3. Die Zwiebel dazugeben und in etwa 5 Minuten weich braten, dann die Chilischoten hinzufügen.

4. Die Tomaten und das Koriandergrün unterrühren und noch etwa 3 Minuten garen, bis sich alle Zutaten gut verbunden haben.

5. Die Eier über die Mischung gießen und unter ständigem Rühren bei schwacher Hitze braten. Kurz bevor sie vollständig stocken, die Pfanne vom Herd nehmen und weiter rühren, bis die Eier schön glänzen. Mit Kürbiskernen bestreuen und heiß servieren.

Sonntagsbrunch

- Pikante Rühreier (Ande ki bhurji)
- Pfannkuchen aus Kichererbsenmehl (Besan ki roti), Seite 32
- Gewürztee (Masala chai), Seite 160

Drei Beilagen mit Gemüse

Erst eine Gemüsebeilage macht ein indisches Essen zur vollständigen Mahlzeit. Meist handelt es sich dabei um ein eher trockenes Gericht, ein sogenanntes *subji* oder *bhaji* (nicht zu verwechseln mit den gebratenen Zwiebel-Frittern, die in westlichen Ländern verkauft werden und *bhajia* heißen). Diese Gemüsebeilagen sorgen für zusätzliche Nährstoffe und bereichern ein Essen um reizvolle Aromen und Farben.

Ein nordindisches Subji enthält oft Zwiebeln, Tomaten, Ingwer und Knoblauch, während man es in Südindien gern mit Kokosraspeln, schwarzen Pfefferkörnern, Curryblättern und roten Chilischoten verfeinert.

Ein typisch indisches Lunchpaket für die Arbeit oder die Schule besteht nicht selten aus einigen Roti (Fladenbroten) oder frischem ungesäuertem Brot und einem Gemüse-Subji – alles zu Beginn des Tages in eine kleine Box gepackt.

Auch für übrig gebliebene Subjis gibt es eine ganze Reihe schmackhafter Verwendungen. Man füllt damit Pfannkuchen, verwendet sie für Gemüseküchlein, sie werden gegrillt oder in der Pfanne gebacken.

Ayurvedisches Wissen

Gemüse besitzt viele verschiedene Geschmacksrichtungen (Rasas), die von süß über bitter und adstringierend bis scharf reichen. Sie alle haben eine wohltuende Wirkung, und für ein gelungenes indisches Essen ist es wichtig, möglichst viele Rasas zu kombinieren (siehe Seite 12).

SHAKARKAND LAHSUNI

Süßkartoffeln mit Knoblauch und Sonnenblumenkernen

Süßkartoffeln enthalten viel Vitamin A (in Form von Beta-Karotin) und Vitamin C, zwei wirkungsvolle Antioxidationsmittel. Wählen Sie beim Kauf feste, makellose Süßkartoffeln aus, die Sie kühl und dunkel und lagern und innerhalb einer Woche verwenden sollten.

2 große Süßkartoffeln, gewaschen und in 3 cm dicke Scheiben geschnitten
2 Knoblauchzehen, geschält und fein gerieben
1 TL Sonnenblumenkerne
1 TL frisch gepresster Zitronensaft
1 TL gewaschenes, fein gehacktes frisches Koriandergrün
Salz
1 TL Sonnenblumenöl

Vorbereitungszeit: 10 Minuten
Garzeit: 20 Minuten
Für 4 Personen

1. Den Backofen auf 220 °C vorheizen. Ein Backblech mit Alufolie auslegen und die Süßkartoffelscheiben darauf verteilen.

2. Mit Knoblauch, Zitronensaft, Koriandergrün und etwas Salz würzen, ein wenig Sonnenblumenöl darüberträufeln. Locker mit Alufolie bedecken und die Ränder nicht verschließen, damit der entstehende Dampf entweichen kann.

3. Im heißen Ofen 15 Minuten backen, dann die Alufolie entfernen. Mit den Sonnenblumenkernen bestreuen und weitere 5 Minuten backen, bis die Süßkartoffeln goldbraun sind.

PEELI GOBHI

Blumenkohl mit Kurkuma

Kurkuma ist Indiens Wundergewürz. Schon lange weiß man das Rhizom wegen seiner antiseptischen, entzündungshemmenden Wirkung zu schätzen. In Verbindung mit Blumenkohl soll es sogar vor Prostatakrebs schützen können, und es entgiftet die Leber. Man kann damit viele Gerichte verfeinern, ohne dass der Geschmack zu intensiv wird. Ich gebe sogar eine Prise davon an meine Bolognese.

300 g Blumenkohl, in Röschen zerteilt
1 TL gemahlene Kurkuma
2 EL Sonnenblumenöl
1 TL schwarze Senfsamen
1 kräftige Prise gemahlene Asafoetida (Seite 172)
8–10 Curryblätter
10 frische grüne Chilischoten, Stielansätze entfernt, fein gehackt
Salz

Vorbereitungszeit: 10 Minuten
Garzeit: 25 Minuten
Für 4 Personen

1. Das Öl in einem Topf mit schwerem Boden stark erhitzen. Die Senfsamen hineingeben und aufplatzen lassen, dann die Asafoetida, die Curryblätter und Chilischoten hinzufügen.

2. Kurkuma und Blumenkohl dazugeben und mit etwas Salz würzen. Gut durchrühren, um den Blumenkohl gleichmäßig mit Öl und Gewürzen zu bedecken, und 4–5 Esslöffel Wasser darüberträufeln.

3. Zugedeckt bei starker Hitze garen, bis das Wasser zu kochen beginnt. Bei reduzierter Hitze 10 Minuten köcheln lassen, bis der Blumenkohl gar ist, aber noch Biss hat.

Ein wärmendes Essen im Winter

- Blumenkohl mit Kurkuma (Peeli gobhi)
- Lamm-Auberginen-Curry mit Mandeln (Badami baingan gosht), Seite 38
- Weizenschrot mit Tomaten (Tomatochi lapsi), Seite 19
- Spinat-Knoblauch-Raita (Palak ka raita), Seite 140

BAINGAN MOONGPHALI BHARTA

Auberginenpüree mit Erdnüssen

Für dieses Gericht grille ich die Aubergine gern über einer Gasflamme, um ihr einen intensiveren Geschmack zu verleihen. Sie können sie natürlich auch unter den Backofengrill schieben. Zuerst wird die Aubergine gewaschen und trocken getupft, dann direkt über die Gasflamme gehalten. Dabei regelmäßig drehen, damit sie gleichmäßig gart. Nach etwa 10 Minuten (das hängt von der Größe der Aubergine ab) wird die Haut knusprig, und das Fleisch ist gar. Prüfen Sie dies mit einem Messer, indem Sie an der dicksten Stelle ins Fleisch stechen.

1 große Aubergine
2 TL geröstete Erdnüsse
2 EL Sonnenblumenöl
½ TL Kreuzkümmel
1 mittelgroße rote Zwiebel, fein gehackt
1 TL Ingwer-Knoblauch-Paste (Seite 173)
1 frische grüne Chilischote, Stielansatz entfernt, fein gehackt
2 EL Tomatenmark
1 TL gemahlene Kurkuma
1 TL gemahlener Koriander
Salz
1 Handvoll frisches Koriandergrün, gewaschen und fein gehackt
Zitronenspalten

Vorbereitungszeit: 10 Minuten
Garzeit: 30 Minuten
Für 4 Personen

1. Die Aubergine über einer Gasflamme (siehe Einleitung) grillen oder mit etwas Öl bestreichen, unter den heißen Backofengrill schieben und ab und zu leicht drehen, bis das Fleisch weich ist.

2. Die Aubergine leicht abkühlen lassen, dann die Haut mit den Fingern abziehen (sie sollte sich leicht lösen). Das Auberginenfleisch in einer Schüssel mit einer Gabel zerdrücken.

3. Das Öl in einem Topf mit schwerem Boden erhitzen und den Kreuzkümmel darin bei starker Hitze rösten, bis er zu bräunen beginnt. Die Zwiebel in den Topf geben und in etwa 5 Minuten weich braten.

4. Ingwer-Knoblauch-Paste und grünen Chili hinzufügen und noch 1 Minute braten. Tomatenmark und gemahlene Gewürze unterrühren und noch einige Minuten garen, bis sich alles gut verbunden hat. Mit etwas Salz würzen.

5. Auberginenfleisch und Erdnüsse untermischen, mit Koriandergrün bestreuen und mit Zitronenspalten servieren.

LAL KOBICHI BHAJI

Rotkohl mit Senfsamen

Seine schöne Farbe verdankt der Rotkohl den enthaltenen Flavonoiden, die das Gemüse, auch wegen des hohen Vitamin-C-Gehalts, zu einem wirksamen Antioxidationsmittel machen. Mit Rotkohlsaft wurden lange Zeit Magengeschwüre behandelt. Der Ayurveda stuft Rotkohl als kalt und schwer ein und damit als schwer verdaulich, insbesondere bei einer Vata-Konstitution. Menschen mit Schilddrüsenbeschwerden, etwa einem Kropf, sollten darauf verzichten.

300 g Rotkohl, fein gehobelt
1 TL schwarze Senfsamen
2 EL Sonnenblumenöl
½ TL Kreuzkümmel
1 kräftige Prise gemahlene Asafoetida (Seite 172)
2 frische grüne Chilischoten, längs aufgeschnitten, die Stiele jedoch ganz belassen
Salz
1 EL frisch gepresster Zitronensaft
3 EL Kokosraspel

Vorbereitungszeit: 10 Minuten
Garzeit: 20 Minuten
Für 4 Personen

1. Das Öl in einem Topf mit schwerem Boden stark erhitzen und die Senfsamen hineingeben. Sobald sie aufplatzen, Kreuzkümmel, Asafoetida und Chilischoten einrühren.

2. Den Rotkohl und etwas Salz hinzugeben, 3–4 Esslöffel Wasser hinzufügen und zum Kochen bringen. Bei reduzierter Hitze zugedeckt 10 Minuten köcheln lassen, bis der Rotkohl weich ist.

3. Vom Herd nehmen. Zuletzt Zitronensaft und Kokosraspel unterrühren.

BHINDI KI SUBZI

Okraschoten mit Kokos und Kokum

Bei Kokum handelt es sich um eine säuerliche Frucht, die im Westen Indiens wächst. Die getrockneten Fruchtschalen sind bei indischen Lebensmittelhändlern erhältlich und können einige Jahre lang aufbewahrt werden. Kokum gilt im Ayurveda als Heilmittel bei Infektionen und Hautproblemen.

Beim Garen von Okraschoten sollten Sie kein Wasser hinzugeben, da die Okras sonst eine schleimige Konsistenz erhalten. Mit säuerlichen Zutaten wie Tomaten, Kokum oder Zitronensaft verhindert man diese natürliche Schleimbildung.

300 g Okraschoten, gewaschen, Stielansätze entfernt, längs halbiert
2 EL frisch geriebene oder fertige Kokosraspel
4 Kokum-Fruchtschalenblätter (siehe Einleitung)
2 EL Sonnenblumenöl
1 TL schwarze Senfsamen
½ TL Kreuzkümmel
1 mittelgroße Zwiebel, in dünne Ringe geschnitten
1 TL gemahlene Kurkuma
½ TL Chilipulver
Salz
1 EL frisch gepresster Zitronensaft
1 kleine Handvoll frisches Koriandergrün, gewaschen und fein gehackt

Vorbereitungszeit: 10 Minuten
Garzeit: 30 Minuten
Für 4 Personen

1. Das Öl in einem Topf mit schwerem Boden (oder einem Kadhai) stark erhitzen und die Senfsamen hineingeben. Sobald sie aufplatzen, den Kreuzkümmel hinzufügen und bräunen lassen. Nun die Zwiebel dazugeben und in etwa 5 Minuten weich braten.

2. Die Okraschoten untermischen.

3. Gemahlene Gewürze, Kokum, Salz und Zitronensaft unterrühren, bis die Okras gleichmäßig mit Öl und Gewürzen bedeckt sind.

4. Zugedeckt bei schwacher Hitze garen und dabei regelmäßig durchrühren, damit nichts anhängt. Die Okras sollten nach etwa 20 Minuten gar sein. Sie werden dann relativ fest und sondern keinen Schleim mehr ab.

5. Die Kokosraspel und das Koriandergrün untermischen und den Topf vom Herd nehmen.

GAJAR METHI

Bockshornklee mit Karotten

1 Bund frisches Bockshornkleegrün (bei indischen Lebensmittelhändlern erhältlich, Seite 172)
3 große Karotten, gewaschen, geschält, in 2 cm breiten Würfeln
1 EL Sonnenblumenöl
½ TL Kreuzkümmel
1 kräftige Prise gemahlene Asafoetida (Seite 172)
¼ TL Chilipulver
½ TL gemahlener Koriander
Salz

Vorbereitungszeit: 15 Minuten
Garzeit: 25 Minuten
Für 4 Personen

1. Die Blätter des Bockshornklees von den Stängeln lösen, waschen, trocknen und grob hacken. Die Stängel wegwerfen.

2. Das Öl in einem Topf mit schwerem Boden erhitzen und den Kreuzkümmel darin bei starker Hitze leicht bräunen. Asafoetida und Karotten dazugeben, die gemahlenen Gewürze darüberstreuen und alles 2–3 Minuten dünsten. Dabei vorsichtig rühren, damit nichts anhängt.

3. Gehackten Bockshornklee und etwas Salz hinzufügen und 2–3 Minuten pfannenrühren, bis die Blätter zusammenfallen. Nun 3–4 Esslöffel Wasser darüberträufeln. Zugedeckt 10–12 Minuten bei mittlerer Hitze garen, bis die Karotten weich sind.

4. Den Deckel wegnehmen und die gesamte Flüssigkeit bei starker Hitze einkochen lassen.

KANDYACHA ZUNKA

Würzige Frühlingszwiebeln

300 g Frühlingszwiebeln, fein gehackt
6 EL Kichererbsenmehl
2 EL Sonnenblumenöl
1 TL schwarze Senfsamen
½ TL Kreuzkümmel
1 kräftige Prise gemahlene Asafoetida (Seite 172)
10 Curryblätter
½ TL gemahlene Kurkuma
1 TL gemahlener Koriander
Salz

Vorbereitungszeit: 20 Minuten
Garzeit: 20 Minuten
Für 4 Personen

1. Das Kichererbsenmehl in einem Topf mit schwerem Boden bei schwacher Hitze etwa 7–8 Minuten rösten, bis sich Aroma und Farbe verändern. Dabei ständig rühren, damit nichts anhängt.

2. Das Öl in einem sauberen Topf stark erhitzen, die Senfsamen hineingeben und aufplatzen lassen. Kreuzkümmel, Asafoetida und Curryblätter dazugeben und 1 Minute rösten.

3. Frühlingszwiebeln, gemahlene Gewürze und etwas Salz gründlich untermischen.

4. Die Hitze reduzieren, die Zwiebeln 5 Minuten pfannenrühren.

5. Das Kichererbsenmehl unterrühren. Die entstehenden Klümpchen zerdrücken. Sobald das Mehl die Flüssigkeit aufgenommen hat und goldbraun ist, den Topf vom Herd nehmen.

PANEER SIMLA MIRCH

Indischer Käse mit bunten Paprikaschoten

Paprikaschoten sind ein hervorragender Vitamin-C-Lieferant und enthalten viel Lykopin und Beta-Karotin. Im Ayurveda werden sie als süß und warm eingestuft und sind somit am besten für den Kapha-Typ geeignet. Manche Menschen mit Vata-Konstitution vertragen sie gegart besser, für den Pitta-Typ wiederum ist der Geschmack mitunter zu intensiv.

150 g Paneer (indischer Frischkäse, Seite 173), in 2,5 cm breite Würfel geschnitten
300 g verschiedene Paprikaschoten, Stielansätze, Samen und Scheidewände entfernt, gehackt
2 EL Sonnenblumenöl
1 TL Kreuzkümmel
½ TL gemahlene Kurkuma
½ TL Chilipulver
½ TL gemahlener Koriander
Salz
1 kleine Handvoll frisches Koriandergrün, gewaschen und fein gehackt

Vorbereitungszeit: 15 Minuten
Garzeit: 15 Minuten
Für 4 Personen

1. Das Öl in einem Topf mit schwerem Boden stark erhitzen. Den Kreuzkümmel darin einige Sekunden rösten, bis er zu bräunen beginnt.

2. Paprika, gemahlene Gewürze und etwas Salz unterrühren, sodass die Paprikastücke gleichmäßig mit Öl und Gewürzen bedeckt sind.

3. Nun 3–4 Esslöffel Wasser hinzufügen und zum Kochen bringen. Bei reduzierter Hitze zugedeckt 5–6 Minuten garen, bis die Paprikaschoten weich sind.

4. Den Paneer unterziehen und etwa 1 Minute lang etwas weicher werden lassen. Mit Koriandergrün bestreuen und die Mischung heiß oder kalt servieren.

Eine Kinder-Lunchbox

Indischer Käse mit bunten Paprikaschoten (Paneer simla mirch), in Würziges Fladenbrot (Thalipeeth, Seite 33) gewickelt.

BHARVA RINGNA

Gefüllte Auberginen

Im Ayurveda gilt Kokosnuss als kühlend und süß. Bei Menschen mit schlechter Verdauung (Agni) kann sie Probleme bereiten, dennoch besitzt Kokos eine abführende Wirkung. Wegen des hohen Fettgehalts ist sie für Menschen mit hohem Cholesterinspiegel nicht geeignet.

8 kleine Auberginen (in indischen Lebensmittelläden erhältlich)
75 g frisch geriebene oder fertige Kokosraspel
1 kleine Handvoll frisches Koriandergrün, gewaschen und fein gehackt
½ TL Chilipulver
1 TL gemahlene Kurkuma
Salz
2 EL Sonnenblumenöl
1 TL schwarze Senfsamen
1 TL Kreuzkümmel
8 neue kleine Kartoffeln, gründlich gewaschen und mehrfach rundum mit einer Gabel eingestochen

Vorbereitungszeit: 30 Minuten
Garzeit: 30 Minuten
Für 4 Personen

1. Kokosraspel, Koriandergrün, Kurkuma und etwas Salz in einer Schüssel vermischen.

2. Die Auberginen jeweils längs kreuzweise einschneiden, das hintere Ende mit dem Stiel jedoch ganz lassen, sodass die Früchte noch zusammenhalten. Jeweils mit etwas Kokosmischung füllen und beiseitelegen.

3. Das Öl in einem Topf mit schwerem Boden stark erhitzen, die Senfsamen hineingeben und aufplatzen lassen, dann den Kreuzkümmel dazugeben. Die Auberginen vorsichtig in den Topf legen und die Kartoffeln in den Lücken dazwischen verteilen. Übrig gebliebene Füllung darüberstreuen.

4. Nun 100 Milliliter Wasser hinzugießen und zum Kochen bringen. Bei reduzierter Hitze zugedeckt 15 Minuten garen, bis die Auberginen und die Kartoffeln gar sind. Mit einem Messer in die Auberginen stechen, um zu prüfen, ob sie weich sind.

NAVALKOL MASALA

Kohlrabi mit Gewürzen

Knol khol, wie der Kohlrabi in Indien heißt, ist ein hervorragender Kaliumlieferant, der das Risiko von Nierensteinen verringern kann. Achten Sie beim Kauf auf Exemplare mit weichen, biegsamen Stängeln und knackigen Blättern. Sind die Stängel hart, wird die Kolle eher holzig sein.

300 g Kohlrabi, geschält und in 2 cm breite Würfel geschnitten
Salz
2 EL Sonnenblumenöl
½ TL Kreuzkümmel
1 kräftige Prise Asafoetida (Seite 172)
1 frische grüne Chilischote, Stielansatz entfernt, fein gehackt
1 TL gemahlene Kurkuma
½ TL Chilipulver
1 TL gemahlener Koriander

Vorbereitungszeit: 10 Minuten
Garzeit: 25 Minuten
Für 4 Personen

1. Das Öl in einem Topf mit schwerem Boden stark erhitzen und den Kreuzkümmel darin bräunen. Asafoetida und Chilischote dazugeben.

2. Die gemahlenen Gewürze und den Kohlrabi hinzufügen, mit etwas Salz würzen. Gut durchrühren, um den Kohlrabi gleichmäßig mit Öl und Gewürzen zu bedecken.

3. Nun 4–5 Esslöffel Wasser darüberträufeln und zum Kochen bringen. Die Hitze reduzieren und den Kohlrabi zugedeckt 12–15 Minuten köcheln lassen, bis er sehr weich ist. Die Kohlrabiwürfel mit einer Kelle in kleinere Stücke brechen.

TENDLI UPKARI

Tindola mit Kokosnuss

Die Tindola (auch Efeu-Gurke genannt) ist ein Kürbisgewächs, etwa von der Größe eines kleinen Fingers; ihr Geschmack erinnert an Zucchini, allerdings mit einer leicht säuerlichen Note. In indischen und asiatischen Lebensmittelläden bekommt man sie frisch und tiefgekühlt. Die Früchte sollten leuchtend grün und fest sein. Ältere Exemplare werden runzelig, und das Fleisch im Innern ist dann nicht mehr hellgrün, sondern orange.

300 g Tindola (siehe Einleitung), in 1 cm dicke Scheiben geschnitten
2 EL frisch geriebene oder fertige Kokosraspel
2 EL Sonnenblumenöl
½ TL schwarze Senfsamen
½ TL Kreuzkümmel
3 getrocknete rote Chilischoten, Stielansätze und Samen entfernt
1 Prise gemahlene Asafoetida (Seite 172)
½ TL gemahlene Kurkuma
Salz

Vorbereitungszeit: 15 Minuten
Garzeit: 25 Minuten
Für 4 Personen

1. Das Öl in einem flachen Topf mit schwerem Boden erhitzen und die Senfsamen darin bei starker Hitze aufplatzen lassen. Den Kreuzkümmel dazugeben und leicht bräunen, dann die Chilischoten und die Asafoetida hinzufügen.

2. Tindola, Kurkuma und etwas Salz unterrühren, bis die Tindolascheiben gleichmäßig mit Öl und Gewürzen bedeckt sind.

3. Nun 2 Esslöffel Wasser hinzufügen und zugedeckt zum Kochen bringen. Bei reduzierter Hitze 12–15 Minuten köcheln lassen, bis die Tindolascheiben weich sind, aber noch leichten Biss haben.

4. Zuletzt die Kokosraspel einrühren und das Gemüse vom Herd nehmen.

TURIA KI SABZI

Würziges Luffagemüse

Luffa (auch als Schwammkürbis bekannt) enthält kaum Kohlenhydrate, ist kalorienarm und wird darum Diabetikern empfohlen. Zur Vorbereitung schält man einfach die äußeren Rippen mit dem Sparschäler ab. Bei älteren Exemplaren muss eventuell auch die harte Schale abgeschält werden.

300 g Luffa, die äußeren Rippen abgeschält, das Fleisch in 2 cm breite Würfel geschnitten
2 EL Sonnenblumenöl
1 TL Kreuzkümmel
½ TL Anissamen
½ TL gemahlene Kurkuma
½ TL Chilipulver
Salz

Vorbereitungszeit: 15 Minuten
Garzeit: 20 Minuten
Für 4 Personen

1. In einem Topf mit schwerem Boden das Öl stark erhitzen. Kreuzkümmel und Anis darin rösten, bis sie gerade zu bräunen beginnen. Luffa und gemahlene Gewürze hinzugeben.

2. Gut durchrühren, um die Luffawürfel gleichmäßig mit Öl und Gewürzen zu bedecken. Mit Salz würzen.

3. Nun 2–3 Esslöffel Wasser darüberträufeln. Aufkochen und bei reduzierter Hitze zugedeckt 12–15 Minuten köcheln lassen, bis die Luffawürfel weich sind. Mit einer Kelle in kleinere Stücke brechen.

KADHAI KARELA

Pfannengerührte Bittergurke

Bittergurke (oder Bitterkürbis, Karela) hat eine warzige Schale und weiches Fleisch und Samen. Sie wird in indischen Lebensmittelläden und Asiamärkten angeboten. Ihr extrem bitterer Geschmack lässt sich mildern, indem man sie für 15 Minuten in gesalzenes Wasser legt und danach ausdrückt. Bei Diabetes soll Bittergurke den Blutzuckerspiegel senken können. In Indien wird sie zur Blutreinigung gegessen.

300 g Bittergurke, gewaschen, in dünne Scheiben geschnitten, für 15 Minuten in gesalzenes Wasser gelegt und ausgedrückt
2 EL Sonnenblumenöl
1 TL Kreuzkümmel
1 mittelgroße Zwiebel, in dünne Ringe geschnitten
2 reife Tomaten, Stielansätze entfernt, grob gehackt
1 TL gemahlene Kurkuma
½ TL Chilipulver
½ TL Garam masala (Seite 173)
Salz
1 EL frisch gepresster Zitronensaft
2–3 EL gewaschenes, fein gehacktes Koriandergrün zum Garnieren

Vorbereitungszeit: 10 Minuten (+ 15 Minuten Einweichzeit)
Garzeit: 30 Minuten
Für 4 Personen

1. Das Öl in einem Topf mit schwerem Boden (oder einem Kadhai) stark erhitzen. Den Kreuzkümmel darin leicht bräunen, dann die Zwiebel dazugeben und in etwa 5 Minuten weich braten.

2. Die ausgedrückten Bittergurkenscheiben in den Topf geben und 2–3 Minuten pfannenrühren, sodass sie gleichmäßig mit Öl und Gewürzen bedeckt sind.

3. Tomaten, gemahlene Gewürze, Salz und Zitronensaft untermischen.

4. Bei schwacher Hitze etwa 20 Minuten garen und dabei regelmäßig rühren, damit nichts anhängt.

5. Mit Koriandergrün bestreuen und heiß servieren.

Vier
Einfache Gerichte und leichte Snacks

Eines haben alle Inder gemeinsam – die Liebe zum Essen, und Gelegenheit zum Essen findet sich immer, ob zum Frühstück, Brunch, Lunch, Tee oder Abendessen. All dies sind wichtige Mahlzeiten in Indien, ebenso wie die vielen kleinen Snacks zwischendurch.

In diesem Kapitel habe ich nun eine Reihe schmackhafter und gesunder Speisen zusammengestellt, die stets eine vollständige Mahlzeit ergeben und sich doch sehr schnell zubereiten lassen. Ich weiß diese Rezepte sehr zu schätzen, vor allem wenn ich spät von der Arbeit nach Hause komme und nur wenig Zeit zum Kochen bleibt oder meine Familie nicht sonderlich hungrig ist. Manchmal genießen wir die kleinen Gerichte auch zum Frühstück oder Tee. Sie sind herrlich vielseitig, und Joghurt und ein Salat passen fast immer dazu.

Ayurvedisches Wissen

Kleine Portionen und einfache Gerichte können das Feuer der Verdauung (Agni) wieder ins Gleichgewicht bringen. Jedoch warnt der Ayurveda vor zu vielen Snacks zwischendurch, da sie den Körper mit Giften belasten.

QUINOA UPMA

Quinoa mit Gemüse und Gewürzen

Bei *upma* handelt es sich um ein leichtes Essen, das man in Südindien zum Frühstück, Brunch oder Tee serviert. Es wird traditionell mit Grieß zubereitet, doch ich verwende für dieses Rezept das proteinreiche Quinoa. Die gegensätzlichen Aromen, Farben und Texturen schätze ich sehr – der feine Biss des Quinoa harmoniert bestens mit dem zarten Gemüse und den aromatischen Kräutern.

300 g Quinoa
2 EL Sonnenblumenöl
½ TL schwarze Senfsamen
½ TL Kreuzkümmel
2 kleine frische grüne Chilischoten, längs aufgeschnitten, die Stiele jedoch ganz belassen
10 Curryblätter
1 kräftige Prise gemahlene Asafoetida (Seite 172)
4 EL tiefgekühlte Erbsen
1 Karotte, geschält und fein gewürfelt
½ TL gemahlene Kurkuma
Salz
1 kleine Handvoll frisches Koriandergrün, gewaschen und fein gehackt

Vorbereitungszeit: 10 Minuten (+ 5 Minuten Einweichzeit)
Garzeit: 25 Minuten
Für 4 Personen

1. Die Quinoakörner in einer Schüssel mit heißem Wasser bedecken und 5 Minuten einweichen lassen. (Dabei löst sich die äußere Saponinschicht, welche Quinoa mitunter bitter schmecken lässt.) Zweimal in frischem Wasser waschen.

2. Das Öl in einem Topf mit schwerem Boden stark erhitzen, die Senfsamen hineingeben und aufplatzen lassen. Den Kreuzkümmel dazugeben und leicht bräunen. Chilischoten, Curryblätter und Asafoetida hinzufügen.

3. Erbsen, Karotten und Kurkuma unterrühren, sodass sie mit Öl und Gewürzen bedeckt sind. Quinoa und Salz hinzugeben.

4. 500 Milliliter heißes Wasser darübergießen und aufkochen. Bei reduzierter Hitze zugedeckt 20 Minuten köcheln lassen, bis das Quinoa gar ist. Es sollte trocken und durchscheinend sein und angenehmen Biss haben.

5. Das Quinoa mit einer Gabel auflockern und mit Koriandergrün bestreuen. Heiß oder kalt servieren.

SABUDANA KHICHDI

Würziger Perlsago

Sago ist ein Stärkeextrakt, der aus dem Mark der Sagopalme gewonnen und im Handel in feinen Kugeln (Perlen) angeboten wird. In Indien bereitet man daraus beliebte Snacks und verwendet die kleinen Sagoperlen in verschiedenen Desserts. Sago enthält zwar kaum Vitamine, dafür aber reichlich Kohlenhydrate, und damit ist es ein hervorragender Energielieferant. In diesem Gericht habe ich es mit proteinreichen Erdnüssen kombiniert.

300 g Perlsago (in indischen Lebensmittelläden erhältlich)
2 EL Sonnenblumenöl
1 TL schwarze Senfsamen
1 TL Kreuzkümmel
2 frische grüne Chilischoten, längs aufgeschnitten, die Stiele jedoch ganz belassen
12 Curryblätter
Salz
1 Prise Zucker
4 EL geröstete Erdnüsse, grob gehackt
4 EL frisch geriebene oder fertige Kokosraspel
1 kleine Handvoll Koriandergrün, gewaschen und fein gehackt
2 TL frisch gepresster Zitronensaft

Vorbereitungszeit: 10 Minuten (+ 20 Minuten Einweichzeit)
Garzeit: 20 Minuten
Für 4 Personen

1. Die Sagoperlen in einer Schüssel mit Wasser bedecken und 20 Minuten einweichen lassen. Abgießen und abtropfen lassen.

2. Das Öl in einem Topf mit schwerem Boden stark erhitzen, die Senfsamen hineingeben und aufplatzen lassen. Kreuzkümmel, Chili und Curryblätter hinzufügen und 1 Minute rösten.

3. Die Hitze reduzieren, den Sago in den Topf geben. Dabei ununterbrochen rühren, damit sich keine Klümpchen bilden.

4. Etwas Salz, 1 Prise Zucker und Erdnüsse hinzufügen und alles gut vermischen. Bei schwächster Hitze unter ständigem Rühren etwa 10 Minuten garen, bis die Sagoperlen gar sind. Sollten sie am Topfboden anhängen, vorsichtig noch etwas Wasser unterrühren.

5. Mit Kokosraspeln und Koriandergrün garnieren und mit Zitronensaft beträufeln.

PANEER RAJMA KE SAMOSE

Samosas mit Kidneybohnen

Samosas sind nicht nur in Indien ein beliebter Snack. Doch die frittierte Variante esse ich eigentlich nie. Darum stelle ich Ihnen hier mein Rezept für gebackene Samosas vor – mit proteinreichen Kidneybohnen und cremigem Paneer. Sie schmecken heiß und kalt.

500 g fertiger Filoteig (oder Samosa-Streifen)
150 g rote Kidneybohnen aus der Dose, abgespült und abgetropft
150 g Paneer (indischer Frischkäse, Seite 173)
1 EL Sonnenblumenöl, plus etwas mehr zum Bestreichen
½ TL Kreuzkümmel
½ TL gemahlene Kurkuma
1 TL gemahlener Koriander
1 frische grüne Chilischote, Stielansatz entfernt, sehr fein gehackt
Salz

Vorbereitungszeit: 10 Minuten
Garzeit: 40 Minuten
Ergibt 12 Samosas

1. Den Backofen auf 220 °C vorheizen. In einem Topf mit schwerem Boden 1 Esslöffel Öl erhitzen und den Kreuzkümmel darin bei starker Hitze einige Sekunden rösten, bis er zu bräunen beginnt. Die Hitze reduzieren.

2. Die gemahlenen Gewürze und die Chilischote, gleich darauf den Paneer und die Bohnen hinzugeben.

3. Mit etwas Salz würzen und 2–3 Minuten garen, bis sich die Zutaten gut verbunden haben. Leicht abkühlen lassen.

4. Ein Backblech mit Alufolie auslegen.

5. Einen Teigstreifen auf die Arbeitsfläche legen und 1 Teelöffel Bohnenmischung unterhalb der oberen linken Ecke auf den Teig setzen. Die obere linke Teigecke darüberklappen, sodass ein Dreieck entsteht. Auf diese Weise die Füllung in ein festes dreieckiges Päckchen wickeln. Mit Öl bestreichen. Die übrigen Samosas ebenso formen und auf dem Backblech verteilen.

6. Im heißen Ofen 20–25 Minuten backen. Dabei einmal wenden.

SINDHI KADHI

Reis-Gemüsetopf mit Kichererbsenmehl

Dieses Gericht geht auf eine traditionelle Spezialität der Sindhi zurück, die aus der Region Sindh im Süden des heutigen Pakistan nach Indien einwanderten. Ich verwende zusätzlich etwas braunen Naturreis für eine gehaltvollere eigenständige Mahlzeit.

3 TL brauner Naturreis, gewaschen und abgetropft
600 g buntes Gemüse (etwa Auberginen, Karotten, grüne Bohnen und Kartoffeln), in 1 cm breite Würfel oder Stücke geschnitten
2 EL Kichererbsenmehl, ohne Fett 7–8 Minuten in einem Topf geröstet, um das Aroma zu intensivieren
2 EL Sonnenblumenöl
½ TL Bockshornkleesamen
10 Curryblätter
1 TL geschälter, fein geriebener frischer Ingwer
1 Dose gehackte Tomaten (400 g), im Mixer zu Püree verarbeitet
Salz

Vorbereitungszeit: 15 Minuten
Garzeit: 40 Minuten
Für 4 Personen

1. Das Öl in einem Topf mit schwerem Boden stark erhitzen. Den Bockshornkleesamen und die Curryblätter darin leicht bräunen, dann den Ingwer dazugeben.

2. Das Gemüse unterrühren, sodass es mit Öl und Gewürzen bedeckt ist.

3. Das geröstete Mehl mit den Tomaten und 300 Milliliter kaltem Wasser verrühren.

4. Die Mischung über das Gemüse gießen, den Reis darüberstreuen und mit etwas Salz würzen.

5. Die Mischung zum Kochen bringen. Bei reduzierter Hitze unter gelegentlichem Rühren zugedeckt 30 Minuten garen, bis das Gemüse und der Reis gar sind.

KASTURI SEEKH KEBAB

Lamm-Kebabs mit gebratenem Gemüse

Kebabs und gegrilltes Fleisch passen zu vielen Gemüsesorten. Damit dieses Essen etwas gehaltvoller wird, können Sie noch einige dick aufgeschnittene Kartoffeln mit in den Ofen schieben. Ich koche sie vorher halb gar, denn so werden sie im Ofen schneller weich.

300 g mageres gehacktes Lammfleisch
1 TL Chilipulver
1 TL getrocknetes Bockshornkleegrün (*kasuri methi*, Seite 172), zerkrümelt
10 frische Minzeblätter, fein gehackt
1 TL gemahlene Kurkuma
1 TL Garam masala (Seite 173)
2 TL Ingwer-Knoblauch-Paste (Seite 173)
1 TL gemahlener Kreuzkümmel
Salz
300 g buntes Gemüse (etwa Auberginen, Paprikaschoten und Butternusskürbis)
6–7 Knoblauchzehen, geschält und in Scheiben geschnitten
Sonnenblumenöl zum Beträufeln
12 Bambusspießchen

Vorbereitungszeit: 15 Minuten (+ 20 Minuten zum Marinieren)
Garzeit: 15 Minuten
Für 4 Personen

1. Chilipulver, Bockshornkleegrün, Minze, Kurkuma, Garam masala, Ingwer-Knoblauch-Paste und Kreuzkümmel in eine große Schüssel geben. Mit Salz würzen und gründlich vermischen.

2. Das Fleisch kräftig unterkneten. Mit Klarsichtfolie bedecken und 20 Minuten zum Marinieren stehen lassen.

3. Inzwischen das Gemüse vorbereiten. Die Aubergine längs halbieren und in Scheiben schneiden. Die Paprikaschoten von Samen und Scheidewänden befreien und in Streifen, den Kürbis mit der Schale in 1 cm breite Würfel schneiden. Den Backofen auf 220 °C vorheizen.

4. Die Fleischmasse zu 12 gleich großen Kugeln formen. Mit angefeuchteten Händen jeweils um einen Bambusspieß drücken, sodass wurstförmige Kebabs entstehen.

5. Ein Backblech mit Alufolie auslegen und die Kebabs darauflegen. Das vorbreitete Gemüse darum verteilen, mit den Knoblauchscheiben bestreuen und etwas Öl darüberträufeln. Im heißen Ofen 15 Minuten braten, bis das Fleisch gar und das Gemüse weich ist.

MUGACHI USAL

Pfannengerührte Mungobohnensprossen

Beim Keimen finden eine Reihe biochemischer Prozesse statt, bei denen komplexe Strukturen in einfachere Verbindungen umgewandelt werden, die leichter verdaulich sind. Frische Sprossen von Hülsenfrüchten enthalten mehr Vitamin C, Eisen und Kalzium und sind somit noch gesünder.

150 g getrocknete Mungobohnen
1 EL Sonnenblumenöl
½ TL schwarze Senfsamen
½ TL Kreuzkümmel
8 Curryblätter
1 kleine grüne Chilischote, Stielansatz entfernt, fein gehackt
1 mittelgroße Zwiebel, fein gehackt
½ TL gemahlene Kurkuma
Salz
2 EL Kokosraspel
1 EL gewaschenes, fein gehacktes frisches Koriandergrün
1 EL frisch gepresster Zitronensaft

Vorbereitungszeit: 10 Minuten (+ 5 Stunden Einweichzeit + 8–10 Stunden zum Keimen)
Garzeit: 25 Minuten
Für 4 Personen

1. Die Mungobohnen mit kaltem Wasser bedecken und 5 Stunden einweichen. Abgießen, in ein Musselintuch binden und an einem warmen Ort über Nacht keimen lassen.

2. Die Bohnensprossen am nächsten Tag in kaltem Wasser waschen und in einem Sieb abtropfen lassen.

3. Das Öl in einem Topf mit schwerem Boden stark erhitzen. Die Senfsamen hineingeben und aufplatzen lassen. Kreuzkümmel, Curryblätter und Chili hinzufügen. Die Zwiebel untermischen und in 3–4 Minuten weich braten.

4. Bohnensprossen, Kurkuma und etwas Salz in den Topf geben, 2–3 Esslöffel Wasser darüberträufeln. Bei mittlerer Hitze 10–12 Minuten garen, bis die Bohnen weich, aber noch nicht zerfallen sind. Falls nötig, noch etwas Wasser hinzufügen.

5. Vom Herd nehmen und Kokosraspel, Koriandergrün und Zitronensaft unterrühren. Warm oder kalt servieren.

PULI SADHAM

Tamarinden-Nuss-Reis

In diesem unkomplizierten Gericht sorgen Kichererbsen, Cashewnüsse und Erdnüsse für Proteine satt.

300 g brauner unpolierter Basamatireis, gewaschen und abgetropft
1 EL Tamarindenmark, in 6 EL Wasser verrührt
2 TL Cashewnüsse
2 TL Erdnüsse
2 EL Sonnenblumenöl
½ TL schwarze Senfsamen
1 kräftige Prise gemahlene Asafoetida (Seite 172)
4 getrocknete rote Chilischoten (Stielansätze und Samen entfernt), zerkrümelt
1 TL geschälte, halbierte Kichererbsen (Channa dal)
10 Curryblätter
Salz

Vorbereitungszeit: 5 Minuten
Garzeit: 30 Minuten
Für 4 Personen

1. Den Reis und 800 Milliliter Wasser in einen Topf füllen. Zum Kochen bringen, durchrühren und zugedeckt 20 Minuten köcheln lassen, bis der Reis gar ist.

2. Das Öl in einem Topf mit schwerem Boden bei mittlerer Temperatur erhitzen. Senfsamen, Asafoetida, Chilischoten, Kichererbsen, Cashewnüsse, Erdnüsse und Curryblätter hineingeben und 1 Minute rösten.

3. Das Tamarindenwasser und etwas Salz einrühren. Die Mischung 8–9 Minuten garen, bis die Kichererbsen weich sind.

4. Den gegarten Reis unterziehen und das Gericht heiß servieren.

Ein Essen zu Diwali

- Tamarinden-Nuss-Reis (Puli sadham)
- Tindola mit Kokosnuss (Tendli upkari), Seite 115
- Grüne Bohnen in Tomatencurry (Farasbean bhaji), Seite 93
- Schwarze Linsen mit Gewürzen (Kali dal), Seite 78
- Granatapfel-Joghurt-Raita (Anaar ka raita), Seite 142
- Pudding aus Flaschenkürbis (Lauki ki kheer), Seite 166

JAAE KI KHICHADI

Pikanter Hafereintopf

Dieser schnell zubereitete Snack schmeckt zu jeder Tageszeit. Hafer enthält viele wichtige Ballaststoffe und trägt zur Senkung des Cholesterinspiegels bei. Zudem hat das Getreide einen niedrigen glykämischen Index, was bedeutet, dass die enthaltenen Kohlenhydrate langsam ins Blut aufgenommen werden und die Blutzuckerwerte somit stabil bleiben.

200 g Hafer, gewaschen und abgetropft
1 EL Sonnenblumenöl
5 Gewürznelken
10 Pfefferkörner
1 Lorbeerblatt
½ TL Kreuzkümmel
½ TL gemahlene Kurkuma
4 EL tiefgekühlte Erbsen
Salz

Vorbereitungszeit: 5 Minuten
Garzeit: 10 Minuten
Für 4 Personen

1. Das Öl in einem großen Topf mit schwerem Boden stark erhitzen. Gewürznelken, Pfefferkörner, Lorbeer, Kreuzkümmel und Kurkuma 1 Minute darin rösten.

2. Hafer, Erbsen und Salz unterrühren, sodass sie mit Öl und Gewürzen bedeckt sind.

3. Nun 300 Milliliter heißes Wasser dazugießen und zum Kochen bringen. Bei reduzierter Hitze etwa 10 Minuten köcheln lassen, bis der Hafer schön cremig ist. Das Gericht sollte relativ feucht sein, wodurch es auch besser verdaulich ist. Wird es zu trocken, noch etwas Wasser hinzugießen. Mit Joghurt servieren.

TIKHAT POHE

Reisflocken mit Gemüse

Dieses Gericht koche ich gern, wenn meine Familie keinen ganz großen Hunger hat. Auch hier wird wieder zu Beginn etwas Kreuzkümmel in heißem Öl geröstet, damit sich sein Aroma bestens entfalten kann. Das Gewürz hat einen leicht bitteren Geschmack und eignet sich darum gut zur Entgiftung des Körpers.

300 g indische Reisflocken (in indischen Lebensmittelläden erhältlich)
2 mittelgroße Kartoffeln, in 2 cm breite Würfel geschnitten
2 EL frische oder tiefgekühlte Erbsen
1 TL gemahlene Kurkuma
Salz
1 EL Sonnenblumenöl
1 TL schwarze Senfsamen
½ TL Kreuzkümmel
1 kräftige Prise gemahlene Asafoetida (Seite 172)
2 frische grüne Chilischoten, Stielansätze entfernt, sehr fein gehackt
12 Curryblätter
1 mittelgroße Zwiebel, fein gehackt
2 TL frisch gepresster Zitronensaft
1 kleine Handvoll frisches Koriandergrün, gewaschen und fein gehackt
1 reife Tomate, Stielansatz entfernt, fein gehackt

Vorbereitungszeit: 10 Minuten
Garzeit: 25 Minuten
Für 4 Personen

1. Die Reisflocken 5 Minuten in Wasser einweichen.

2. Die Kartoffeln und Erbsen in einem Topf mit Wasser bedecken. Zum Kochen bringen und bei reduzierter Hitze 6–7 Minuten köcheln lassen, bis sie weich sind.

3. Die Reisflocken abgießen und mit Kurkuma und etwas Salz in eine Schüssel geben.

4. Das Öl in einem Topf mit schwerem Boden stark erhitzen. Die Senfsamen hineingeben, aufplatzen lassen. Kreuzkümmel, Asafoetida, Chilischoten und Curryblätter hinzufügen, dann die Zwiebel dazugeben und in 5 Minuten weich braten.

5. Kartoffeln und Erbsen abgießen und unter die Zwiebeln und Gewürze rühren. Zuletzt die Reisflocken gründlich untermischen.

6. Die Hitze reduzieren und 4 Esslöffel Wasser über die Mischung träufeln. Zugedeckt 7–8 Minuten garen, bis die Kartoffeln sehr weich sind und das Gericht schön cremig ist. Mit Zitronensaft beträufeln.

7. Mit Koriandergrün und gehackter Tomate garnieren und heiß servieren.

TANDOORI MURGH AUR ALOO

Huhn und Kartoffeln nach Tandoori-Art

Ein schnelles Essen, das in den Ofen geschoben wird und Ihnen ein bisschen Zeit zum Entspannen lässt. Dazu serviere ich gern einen gemischten Salat.

8 Hühnerschenkel ohne Haut
4 mittelgroße Kartoffeln, in dicke Scheiben geschnitten
1 Zwiebel, in dünne Ringe geschnitten, zum Garnieren

FÜR DIE MARINADE:
1 EL Ingwer-Knoblauch-Paste (Seite 173)
½ TL Chilipulver
½ TL gemahlene Kurkuma
½ TL gemahlener Kreuzkümmel
½ TL gemahlener Koriander
1 TL Garam masala (Seite 173)
2 EL frisch gepresster Zitronensaft
2 EL Sonnenblumenöl
Salz

Vorbereitungszeit: 10 Minuten (+ 15 Minuten zum Marinieren)
Garzeit: 30 Minuten
Für 4 Personen

1. Zwei Backbleche mit Alufolie belegen. Sämtliche Zutaten für die Marinade in einer großen Schüssel verrühren.

2. Die Kartoffelscheiben in die Marinade tauchen und auf einem der beiden Bleche verteilen. Die Hühnerschenkel mit der restlichen Marinade vermischen und 15 Minuten stehen lassen.

3. Den Backofen auf 220 °C vorheizen.

4. Die Hühnerschenkel auf dem zweiten Blech verteilen und mit Alufolie bedecken.

5. Die Kartoffeln und die Hühnerschenkel 20–25 Minuten im heißen Ofen backen, bis das Fleisch gar und die Kartoffeln goldbraun sind.

6. Mit Zwiebelringen garnieren und sofort servieren.

TAMATER PALAK KA SHORBA

Tomaten-Spinat-Suppe mit Paneer

Ich schätze diese Suppe sehr, denn sie ist ganz leicht zuzubereiten und sehr nahrhaft. Der indische Frischkäse (Paneer) liefert die Proteine, und das Gemüse sorgt für gesunde Nährstoffe, etwa Lykopin und Eisen. Dank der Gewürze wird daraus eine herrlich wärmende Wintersuppe, die gut zu knusprigem Brot schmeckt. Für eine erfrischendere Variante im Sommer lassen Sie einfach das Garam masala weg.

3 reife Tomaten, Stielansätze entfernt, grob gehackt
4 Handvoll gewaschener, grob gehackter frischer Spinat
1 kleine Handvoll gewürfelter Paneer (indischer Frischkäse, Seite 173)
1 EL Sonnenblumenöl
3 EL halbierte Mungobohnen, gewaschen und abgetropft
¼ TL Garam masala (Seite 173)
½ TL fein geriebener frischer Ingwer
½ TL gemahlener Kreuzkümmel
Salz

Vorbereitungszeit: 10 Minuten
Garzeit: 25 Minuten
Für 4 Personen

1. Das Öl in einem Topf mit schwerem Boden stark erhitzen. Spinat, Tomaten, Mungobohnen, Garam masala und Ingwer hineingeben und einige Minuten pfannenrühren. 600 Milliliter Wasser dazugießen und zum Kochen bringen. Bei reduzierter Hitze etwa 10 Minuten köcheln lassen, bis die Mungobohnen gar sind.

2. Die Mischung leicht abkühlen lassen. Im Mixer mit gemahlenem Kreuzkümmel und etwas Salz zu einem groben Püree verarbeiten. Den Paneer darauf verteilen und die Suppe servieren.

SOYA KI MISAL

Würzige Sojabohnen

Edamame, junge, vor ihrer Reife geerntete grüne Sojabohnen, werden in weiten Teilen Indiens angebaut. Die frischen oder tiefgekühlten Bohnen in der Schote sind auch in westlichen Ländern im Handel erhältlich. In Sojabohnen sind alle essenziellen Aminosäuren reichlich enthalten; sie sollen die Fähigkeit haben, den Cholesterinspiegel zu senken.

300 g frische oder tiefgekühlte Edamame (junge grüne Sojabohnen, siehe Einleitung)
2 EL Sonnenblumenöl
½ TL schwarze Senfsamen
½ TL Kreuzkümmel
1 Prise gemahlene Asafoetida (Seite 172)
2 frische grüne Chilischoten, Stielansätze entfernt, fein gehackt
1 kleine Zwiebel, fein gehackt
1 rote Paprikaschote, Stielansatz, Samen und Scheidewände entfernt, fein gehackt
½ TL gemahlene Kurkuma
1 TL frisch gepresster Zitronensaft
Salz
4 EL fettarmer Joghurt (bevorzugt probiotisch)
1 kleine Handvoll frisches Koriandergrün, gewaschen und fein gehackt
1 EL Rosinen

Vorbereitungszeit: 10 Minuten
Garzeit: 25 Minuten
Für 4 Personen

1. Das Öl in einem Topf mit schwerem Boden stark erhitzen und die Senfsamen darin rösten, bis sie aufplatzen. Kreuzkümmel, Asafoetida, Chilischoten und Zwiebel dazugeben und 5 Minuten braten, bis die Zwiebel weich ist. Beginnt die Zwiebel zu bräunen, die Hitze reduzieren.

2. Paprika und Edamame untermischen, bis sie gleichmäßig mit Öl und Gewürzen bedeckt sind. Kurkuma, Zitronensaft und etwas Salz darübergeben. 4–5 Esslöffel Wasser hinzufügen und zum Kochen bringen.

3. Bei reduzierter Hitze 15–20 Minuten köcheln lassen, bis die Edamame gar sind.

4. Mit einem Klecks Joghurt, etwas Koriandergrün und Rosinen garnieren und warm servieren.

Ein gesundes Lunchpaket

- Würzige Sojabohnen (Soya ki misal)
- Samosa mit Kidneybohnen und Paneer (Paneer rajma ke samose), Seite 122
- Gurken-Minz-Raita (Kheere pudina ka raita), Seite 136
- Karottensalat mit Cashews und Honig (Gajar ka salaad), Seite 137

Fünf Salate und Raitas

Zu jedem indischen Essen serviert man auch einen frischen Salat der Saison. Dabei kann es sich um ein paar aufgeschnittene Tomaten handeln, aber auch um aufwendigere Spezialitäten mit extra zubereitetem Dressing. Je nach Zutaten und Konsistenz kennt man in Indien unterschiedliche Bezeichnungen für Salate.

Ein Salat mit Joghurtdressing heißt gewöhnlich *raita*, während man einen Salat mit fein geschnittenen Zutaten als *kuchumber* bezeichnet. Raita hat eine kühlende Wirkung und kompensiert besonders ein sehr würziges Essen, auch wenn die Raita selbst ein, zwei Gewürze enthält, etwa Kreuzkümmel und Pfeffer.

Für Kuchumber, auch *kachoomer* oder *koshimbir* genannt, wird ganz klein geschnittenes Gemüse vermischt (das Hindi-Wort *kacha* bedeutet roh). Ein solcher Salat wird oft mit Zitronensaft oder Essig verfeinert. Das fein geschnittene Gemüse kann zusammen mit Reis oder Roti zu einem Curry gegessen werden, doch auch mit trockeneren Gerichten wie Kebab.

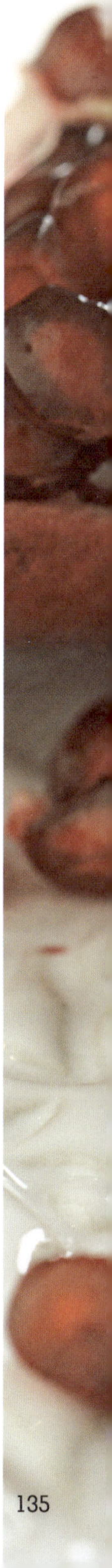

Ayurvedisches Wissen

Die meisten Salate gelten als kühlend und werden darum dem Pitta-Typ empfohlen. Joghurt, ein wichtiger Bestandteil von Raita, wirkt anfänglich kühlend, nach und nach aber immer wärmender.

KHEERE PUDINA KA RAITA

Gurken-Minz-Raita

Frisch gerösteter und dann gemahlener Kreuzkümmel hat ein völlig anderes Aroma als das gemahlene Gewürz aus dem Handel.

½ Salatgurke, mit der Schale grob gerieben
1 Handvoll frische Minze, gewaschen und fein gehackt
200 ml fettarmer Joghurt
Salz
½ TL Kreuzkümmel

Vorbereitungszeit: 10 Minuten
Garzeit: 2 Minuten
Für 4 Personen

1. Gurke, Minze, Joghurt und etwas Salz in einer Servierschüssel vermischen.

2. Einen kleinen Topf erhitzen und den Kreuzkümmel darin bei mittlerer Temperatur ohne Fett rösten, bis er zu bräunen beginnt und aromatisch duftet. In einen Mörser geben und zu feinem Pulver zermahlen. Über die Gurken-Joghurt-Mischung streuen und gleichmäßig unterziehen.

MOOLI KA RAITA

Daikonsalat

Junger Daikonrettich hat eine cremige Farbe und ist relativ elastisch. In diesem Stadium besitzt er einen mild-süßen Geschmack. Je älter der Rettich ist, desto fester ist auch die Schale, und der Geschmack wird schärfer. Daikon eignet sich für Pitta- und Kapha-Typen.

150 g Daikonrettich *(mooli)*, grob gerieben
Salz
Frisch gemahlener schwarzer Pfeffer
1 TL Sonnenblumenöl
½ TL schwarze Senfsamen
½ TL Kreuzkümmel
5 EL fettarmer Joghurt

Vorbereitungszeit: 10 Minuten
Garzeit: 5 Minuten
Für 4 Personen

1. Daikon, etwas Salz und Pfeffer in einer Servierschüssel vermischen.

2. Das Öl in einem kleinen Topf erhitzen. Senfsamen und Kreuzkümmel hineingeben und rösten, bis die Senfsamen aufplatzen und der Kreuzkümmel leicht gebräunt ist. Das Öl mit den Gewürzen über den Daikon gießen. Den Joghurt hinzufügen und alles vorsichtig vermischen.

GAJAR KA SALAAD

Karottensalat mit Cashews und Honig

Dieser Salat eignet sich wunderbar für ein gesundes Lunchpaket fürs Büro. Sie können ihn schon am Vorabend zubereiten, die Cashewnüsse und der Honig liefern auch am nächsten Tag noch viel Energie. Honig schätzt man überall auf der Welt wegen seiner gesundheitsfördernden Wirkung, und er ist genau das Richtige, wenn Sie sich erschöpft fühlen oder der Hals entzündet ist.

4 große Karotten, gewaschen und gerieben
2 EL ungesalzene Cashewnüsse
1 TL flüssiger Honig
1 TL Sonnenblumenöl
½ TL schwarze Senfsamen
½ TL Kreuzkümmel
Salz
1 kleine Handvoll gewaschenes frisches Koriandergrün

Vorbereitungszeit: 5 Minuten
Garzeit: 5 Minuten
Für 4 Personen

1. Das Öl in einem kleinen Topf bei mittlerer Temperatur erhitzen. Die Senfsamen hineingeben und aufplatzen lassen. Den Kreuzkümmel einrühren und den Herd ausschalten.

2. Karotten und Cashewnüsse in eine Servierschüssel geben. Das heiße Öl mit den Gewürzen darüberträufeln und alles gut vermischen. Mit etwas Salz abschmecken.

3. Zuletzt das Koriandergrün und den Honig untermischen.

CHUKANDAR KA SALAAD

Rote-Bete-Salat mit Zwiebel und Fenchel

Die feine Süße der Roten Bete wird in diesem Salat durch die süßen Fenchelsamen und die rote Zwiebel harmonisch verstärkt, und das passt perfekt zu würzigen Currys. Ich verwende stets frisch gegarte statt eingelegter Roter Bete.

150 g gegarte Rote Bete, in 1 cm breite Würfel geschnitten
1 kleine rote Zwiebel, fein gehackt
½ TL Fenchelsamen
1 TL Sonnenblumenöl
Salz
Frisch gemahlener schwarzer Pfeffer

Vorbereitungszeit: 10 Minuten
Garzeit: 2 Minuten
Für 4 Personen

1. Rote Bete und Zwiebel in einer Servierschüssel vermischen.

2. Das Öl in einem kleinen Topf erhitzen und die Fenchelsamen darin 1 Minute rösten, bis sie zu bräunen beginnen.

3. Die Fenchelsamen mit dem Öl über die Rote-Bete-Mischung geben. Mit Salz und Pfeffer würzen und alles gut vermischen.

SUVE KA KACHUMBER

Zwiebel-Tomaten-Salat mit Dill

Dill ist ein kühlendes, verdauungsförderndes Gewürzkraut, das allen drei Energietypen bekommt. Geben Sie das Salz erst kurz vor dem Servieren dazu, ansonsten zieht es das Wasser aus dem Gemüse, und der Salat wird zu feucht.

1 rote Zwiebel, fein gehackt
2 reife Tomaten, fein gehackt
1 Handvoll Dill, fein gehackt
Salz
Frisch gemahlener schwarzer Pfeffer

Vorbereitungszeit: 10 Minuten
Garzeit: keine
Für 4 Personen

Sämtliche Zutaten vermischen und den Salat sofort servieren.

PALAK KA RAITA

Spinat-Knoblauch-Raita

Knoblauch wird seit vielen hundert Jahren wegen seiner wundersamen Heilwirkung geschätzt. Roher Knoblauch enthält die Schwefelverbindung Allicin, die Bakterien tötet. Beim Garen entsteht Diallyldisulfid, das den Cholesterinspiegel senken soll.

150 g frischer Spinat, gewaschen und abgetropft
1 Knoblauchzehe, geschält und fein gerieben
150 g fettarmer Joghurt
Salz

Vorbereitungszeit: 10 Minuten
Garzeit: 5 Minuten
Für 4 Personen

1. Den Spinat grob hacken und in einem Topf bei mittlerer Hitze 3–4 Minuten dünsten, bis er zusammenfällt. Dabei regelmäßig rühren, damit er nicht anhängt. In einem Sieb abkühlen lassen.

2. Joghurt, geriebenen Knoblauch und etwas Salz in einer Servierschüssel vermischen. Den abgekühlten Spinat untermischen und die Raita sofort servieren. Wird die Raita im Voraus zubereitet, das Salz erst kurz vor dem Servieren dazugeben, damit der Salat nicht wässrig wird.

PANEER MAKHANPHAL KA SALAAD

Paneer-Avocado-Salat

150 g Paneer (Seite 173), in 1 cm breite Würfel geschnitten
2 große Avocados

FÜR DAS DRESSING:
1 TL frisch gepresster Zitronensaft
Salz
1 Stück frischer Ingwer (1 cm lang), Haut abgeschabt, gerieben
1 Prise Chilipulver

Vorbereitungszeit: 10 Minuten
Garzeit: keine
Für 4 Personen

1. Die Zutaten für das Dressing in einem kleinen Krug verrühren.

2. Die Avocados in der Mitte längs aufschneiden und den Kern mit einer Drehbewegung jeweils vorsichtig herauslösen. Die Hälften schälen, in Scheiben schneiden und mit dem Paneer in einer Servierschüssel verteilen.

3. Das Dressing darübergießen und den Salat sofort servieren.

SEIM PHALLI KA CHAAT

Dicke Bohnen mit schwarzem Salz und Koriander

Kala namak (schwarzes Salz) stammt aus dem Himalaja, wo es seit Jahrhunderten zum Kochen und Würzen verwendet wird. Sein Aroma erinnert an gekochte Eier, doch in Salaten und Saucen intensiviert es den Geschmack der Zutaten. Wegen des geringen Natriumgehalts wird es Menschen mit hohem Blutdruck empfohlen.

150 g frisch gepalte oder tiefgekühlte Dicke Bohnen
Schwarzes indisches Salz (Kala namak, in indischen Lebensmittelläden erhältlich)

FÜR DAS DRESSING:
1 Bund frisches Koriandergrün, gewaschen und grob gehackt
2 Knoblauchzehen, geschält und fein gehackt
1 Stück frischer Ingwer (2,5 cm lang), Haut abgeschabt, fein gehackt
2 frische grüne Chilischoten, Stielansätze entfernt, grob gehackt
1 kräftiger Spritzer frisch gepresster Zitronensaft
1 Handvoll Granatapfelkerne

Vorbereitungszeit: 10 Minuten
Garzeit: 10 Minuten
Für 4 Personen

1. Die Dicken Bohnen in einem Topf mit Wasser bedecken. Aufkochen und bei reduzierter Hitze zugedeckt 10 Minuten köcheln lassen, bis sie gar sind. Abgießen, in eine Servierschüssel füllen und mit schwarzem Salz würzen. Abkühlen lassen.

2. Inzwischen Koriandergrün, Knoblauch, Ingwer, Chilischoten und Zitronensaft mit ein paar Esslöffeln Wasser im Mixer zu einer feinen Paste pürieren.

3. Das Dressing über den Bohnen verteilen, die Granatapfelkerne darüberstreuen und alles gründlich vermischen.

ANAAR KA RAITA

Granatapfel-Joghurt-Raita

In der ayurvedischen Lehre wird immer wieder betont, wie wichtig es für eine gute Gesundheit ist, dass die ganze Palette der Geschmacksrichtungen (Rasa) in der täglichen Ernährung enthalten ist, von süß, würzig-scharf und sauer bis zu salzig, bitter und adstringierend. Granatäpfel sind sowohl adstringierend als auch süß, und sie enthalten reichlich Antioxidationsmittel sowie die Vitamine A, C und E – wahre Superfrüchte!

1 großer Granatapfel
8 EL fettarmer Joghurt
1 Prise schwarzes indisches Salz (Kala namak, in indischen Lebensmittelläden erhältlich)
Frisch gemahlener schwarzer Pfeffer

Vorbereitungszeit: 10 Minuten
Garzeit: keine
Für 4 Personen

1. Den Granatapfel in der Mitte durchschneiden und die kleinen Kerne mit dem Fruchtfleisch mit einem Löffel auslösen. Die Schale und die innere Haut wegwerfen.

2. Joghurt, schwarzes Salz und etwas frisch gemahlenen Pfeffer in einer Servierschüssel vermischen. Die Granatapfelkerne unterrühren.

Ein leichter, erfrischender Lunch

- Granatapfel-Joghurt-Raita (Anaar ka raita)
- Rote-Bete-Salat mit Zwiebel und Fenchel (Chukandar ka salaad), Seite 138
- Dicke Bohnen mit schwarzem Salz und Koriander (Seim phalli ka chaat), Seite 141
- Würziges Fladenbrot (Thalipeeth), Seite 33

DAHI BAINGAN BHARTA

Auberginensalat mit roten Zwiebeln und Tomaten

Dies ist ein herrlich unkomplizierter Salat, der zu vielen Currys mit Fleisch oder Gemüse passt. Aber er schmeckt auch als Dip zu einem Grillessen – dann grille ich die Aubergine, in Alufolie gewickelt, auf den heißen Holzkohlen. Möchten Sie den Salat im Voraus zubereiten, geben Sie den Joghurt erst kurz vor dem Servieren hinzu, damit er nicht austrocknet.

1 große Aubergine
1 mittelgroße rote Zwiebel, fein gehackt
2 reife Tomaten, Stielansätze entfernt, grob gehackt
1 EL Sonnenblumenöl, plus etwas mehr zum Bestreichen
1 mittelgroße frische grüne Chilischote, Stielansatz entfernt, fein gehackt
1 EL gewaschenes, fein gehacktes frisches Koriandergrün
Salz
150 ml fettarmer Joghurt

Vorbereitungszeit: 10 Minuten
Garzeit: 25 Minuten
Für 4 Personen

1. Die Aubergine mit Öl bestreichen und unter einen heißen Grill schieben. Ab und zu wenden, bis die Haut schwarze Blasen wirft und das Fleisch weich ist.

2. Die Aubergine leicht abkühlen lassen und dann die Haut mit den Fingern abziehen. (Sie sollte sich leicht vom Fleisch lösen.)

3. Das Auberginenfleisch in einer kleinen Schüssel mit einer Gabel zerdrücken.

4. In einem kleinen Topf mit schwerem Boden 1 Esslöffel Öl erhitzen und die Zwiebel darin bei mittlerer Hitze weich braten. Chili, Tomaten und Koriandergrün hinzugeben. Mit etwas Salz würzen und so lange garen, bis die Tomaten schön weich sind.

5. Die Mischung abkühlen lassen. Mit dem Auberginenfleisch und dem Joghurt verrühren und sofort servieren.

CHANNA CHAAT

Würziger Kichererbsensalat

Im Ayurveda verwendet man Zitronen, um das Feuer der Verdauung (Agni) zu stimulieren und den Körper von Giften (Ama) zu befreien. Zitronen haben kühlende, süße Eigenschaften und sind Bestandteil vieler indischer Sommerdrinks. Seine entgiftende Wirkung macht Zitronensaft, mit etwas heißem Wasser vermischt, zu einem perfekten Morgentrank.

1 Dose Kichererbsen (400 g), abgegossen und abgespült
1 kleine Zwiebel, fein gehackt
½ TL frisch gemahlener schwarzer Pfeffer
1 TL frisch gepresster Zitronensaft
Salz
1 kleine Handvoll frisches Koriandergrün, gewaschen und grob gehackt
Zitronenspalten zum Garnieren

Vorbereitungszeit: 10 Minuten
Garzeit: keine
Für 4 Personen

Sämtliche Zutaten in einer Servierschüssel vermischen und mit den Zitronenspalten garnieren.

Sechs
Chutneys und pikante Saucen

Der Begriff Chutney ist von dem Hindi-Wort *chatna* abgeleitet, das »lecken« bedeutet – ein durchaus treffender Name, denn Chutneys verzehrt man nur in kleinen Mengen. Mit ihrem intensiven Geschmack verleihen sie einem Essen besonderen Pfiff. Meist sind sie salzig, süß, bitter oder scharf.

Ein traditionelles indisches Essen wird mit vielen verschiedenen Chutneys oder Saucen serviert – vom Mangochutney bis zum scharfen Limetten-Pickle, die auch in westlichen Ländern beliebt sind. Mit diesen pikanten Beigaben kann man Geschmack und Schärfe eines Essens nach den persönlichen Vorlieben variieren, ob man nun die Schärfe von Chili-Pickle oder süße Mango und Papaya bevorzugt. Viele Inder bereiten ihre Pickles mit sonnengetrockneten Zutaten zu Hause zu. Aber auch im Handel wird eine große Auswahl an Pickles angeboten.

Manche Zutaten werden in Indien fast ausschließlich für Chutneys verwendet. Dazu gehören zum Beispiel die Rippen der Luffaschale. In meiner Kindheit habe ich oft zugesehen, wie meine Großmutter Luffa schälte, doch die Rippen der Schale nicht wegwarf. Sie wurden pfannengerührt, mit Gewürzen und Kokosraspeln vermischt und zu einem köstlichen Chutney püriert. Nichts von dem Gemüse wurde weggeworfen.

Ayurvedisches Wissen

Chutneys sind gewöhnlich sehr viel stärker gewürzt als die übrigen Speisen und regen das Feuer der Verdauung (Agni) an. Da viele eine stark wärmende Wirkung haben, werden sie am besten nur in kleinen Mengen verzehrt.

ALSI KI CHUTNEY

Chutney aus Flachssamen und Knoblauch

Flachssamen und ihr Öl verwendet man schon seit Hunderten von Jahren in der traditionellen indischen Medizin. Dio Samen sind cremefarben bis braun und in den meisten indischen Lebensmittelläden erhältlich. Als Kind bekam ich Tee aus Flachssamen gegen Fieber, Erkältung oder Husten. Auch dieses Chutney ist ein gutes Hausmittel bei zu hohen Blutzuckerwerten und erhöhtem Cholesterinspiegel. Zudem ist es eine wunderbare Beigabe zu Reis und Pfannkuchen – ich verwende es sogar für Sandwiches.

3 EL braune Flachssamen *(alsi)*
2 Knoblauchzehen, geschält und in dünne Scheiben geschnitten
8 Curryblätter
1 getrocknete rote Chilischote, halbiert, Stielansatz und Samen entfernt
1 Prise Salz

Vorbereitungszeit: 5 Minuten
Garzeit: 2 Minuten
Für 4 Personen

1. Eine kleine Pfanne erhitzen und die Flachssamen darin bei mittlerer Hitze ohne Fett rösten und aufplatzen lassen. Da die Samen manchmal aus der Pfanne hüpfen, einen Deckel bereitlegen. Sind die Samen aufgeplatzt, den Herd ausschalten. Curryblätter und Chili dazugeben, einige Sekunden in der Pfanne schwenken, dann den Knoblauch hinzufügen.

2. Die Mischung in einem kleinen Mixer mit einer Prise Salz zu einem groben Pulver verarbeiten. In einem luftdichten Glas in den Kühlschrank stellen und innerhalb einer Woche verbrauchen.

DHANIYE KI CHUTNEY

Koriander-Erdnuss-Chutney

1 Bund frisches Koriandergrün, gewaschen und grob gehackt
2 EL geröstete Erdnüsse
1 frisches Stück Ingwer (2,5 cm lang), Haut abgeschabt, grob gehackt
2 EL grob gehackte frische grüne Chilischote
Salz
1 kräftiger Spritzer frisch gepresster Zitronensaft

Vorbereitungszeit: 10 Minuten
Garzeit: keine
Für 4 Personen

1. Koriandergrün, Ingwer, Chilischoten und Erdnüsse mit einigen Esslöffeln Wasser im Mixer zu einer feinen Paste pürieren. Mit etwas Salz würzen. Den Zitronensaft gründlich untermischen. Das Chutney sollte eine dicke, cremige Konsistenz haben.

2. Als Beigabe zu Samosas oder Bhajias reichen oder als Aufstrich verwenden.

MEETHI IMLI KI CHUTNEY

Süßes Tamarinden-Gemüse-Chutney

2 EL Tamarindenmark, in 8 EL Wasser verrührt
1 kleine Karotte, gewaschen und grob gerieben
1 EL fein geriebene Gurke
1 EL geriebener Jaggery (Seite 173) oder brauner Zucker
1 kräftige Prise Chilipulver
½ TL gemahlener Kreuzkümmel
1 kräftige Prise schwarzes indisches Salz (Kala namak, in indischen Lebensmittelläden erhältlich)

Vorbereitungszeit: 10 Minuten
Garzeit: 10 Minuten
Für 4 Personen

1. Den Jaggery oder braunen Zucker und das Tamarindenwasser in einem kleinen Topf aufkochen. Bei schwacher Hitze köcheln lassen, bis die Mischung zu glänzen beginnt und der Jaggery sich vollständig aufgelöst hat. Wird die Mischung zu trocken und klebrig, noch etwas Wasser dazugießen. Die Konsistenz sollte jedoch relativ dickflüssig sein.

2. Die restlichen Zutaten dazugeben und das Chutney 5 Minuten köcheln lassen.

3. Abkühlen lassen. Raumtemperiert als süße Beigabe zu pikanten Gerichten oder Snacks servieren.

PAPEETE KI CHUTNEY

Süßes Papayachutney (Abb. rechts)

Der Ayurveda beschreibt Papayas als leicht und bitter, und die reifen Früchte eignen sich für alle drei Dosha-Typen. Sie wirken verdauungsfördernd.

150 g reife Papaya
1 kräftiger Spritzer frisch gepresster Zitronensaft
Salz
1 TL Sonnenblumenöl
1 TL schwarze Senfsamen
½ TL Garam masala (Seite 173)

Vorbereitungszeit: 10 Minuten
Garzeit: 2 Minuten
Für 4 Personen

1. Die Papaya halbieren, die schwarzen Kerne mit einem Löffel herauskratzen und wegwerfen. Das Fleisch mit einem Sparschäler schälen und mit einer Gabel zerdrücken.

2. Papayafleisch, Zitronensaft und Salz vermischen.

3. Das Öl in einem kleinen Topf erhitzen, die Senfsamen hineingeben und aufplatzen lassen. Vom Herd nehmen und das Garam masala untermischen.

4. Das Papayafleisch mit dem Öl und den übrigen Gewürzen gründlich untermischen. Im Kühlschrank hält sich das Chutney im verschlossenen Glas 1–2 Tage.

LAHSUN DAHI KI CHUTNEY

Scharfes Knoblauchchutney

Ein typisches Chutney von der indischen Westküste. Sehr gut schmeckt es auch ohne Joghurt auf Toast mit Butter.

5 Knoblauchzehen, geschält
3 EL Kokosraspel
Salz
2 getrocknete rote Chilischoten, Stielansätze und Samen entfernt
½ TL Tamarindenmark
4 EL fettarmer Joghurt

Vorbereitungszeit: 10 Minuten
Garzeit: 5 Minuten
Für 4 Personen

1. Einen kleinen Topf erhitzen und die Kokosraspel darin bei mittlerer Hitze goldbraun rösten. Etwas Salz und Chilischoten dazugeben, noch 1 Minute rösten.

2. Vom Herd nehmen, Knoblauch und Tamarindenmark hinzugeben. Die Mischung in einem Mixer zu einer relativ feinen Paste verarbeiten.

3. Den Joghurt unterrühren und das Chutney sofort servieren. Ohne Joghurt hält sich die Mischung bis zu 2 Wochen im Kühlschrank.

HALDI KA ACHAR

Frische Kurkumasauce

Kurkuma gehört zu den gesündesten Gewürzen in der indischen Küche. Das Aussehen des Rhizoms erinnert an Ingwer, das Fleisch im Innern ist jedoch leuchtend gelb. Kurkuma ist ein wirksames Antiseptikum und Antioxidationsmittel und soll die Leber stärken. Man bekommt sie in Asiamärkten.

4 TL fein gehackte geschälte frische Kurkuma
1 TL fein gehackter geschälter frischer Ingwer
1 kleine frische grüne Chilischote, Stielansatz entfernt, sehr fein gehackt
1 kräftiger Spritzer frisch gepresster Zitronensaft
Salz

Vorbereitungszeit: 10 Minuten
Garzeit: keine
Für 4 Personen

Sämtliche Zutaten in ein Schraubglas füllen und zum Vermischen kräftig schütteln. Bis zu 1 Woche im Kühlschrank aufbewahren.

SABE KI CHUTNEY

Apfelchutney

In meinem Garten steht ein wunderschöner Apfelbaum, der jedes Jahr herrliche Kochäpfel trägt – ideal für dieses Chutney. Ich bereite es gern zu einem scharfen Curry zu. Im Ayurveda gelten Äpfel als leicht, süß und kühlend und können zur Entgiftung des Körpers beitragen. Rohe Äpfel eignen sich für den Kapha- und Pitta-Typ, bei einer Vata-Konstitution sollte man gegarte Äpfel essen.

2 Kochäpfel, geschält, Kerngehäuse entfernt, grob gehackt
1 EL Sonnenblumenöl
½ TL schwarze Senfsamen
½ TL Fenchelsamen
½ TL Chilipulver
2 getrocknete Datteln, entsteint und fein gehackt
1 TL fein geriebener geschälter frischer Ingwer
1 EL frisch gepresster Zitronensaft
Salz
1 TL Jaggery (Seite 173) oder brauner Zucker

Vorbereitungszeit: 25 Minuten
Garzeit: 15 Minuten
Für 4 Personen

1. Das Öl in einem Topf mit schwerem Boden bei mittlerer Temperatur erhitzen. Die Senfsamen hineingeben und aufplatzen lassen. Den Fenchelsamen hinzufügen, leicht bräunen, dann das Chilipulver und die Äpfel dazugeben.

2. Datteln und Ingwer unterrühren und mit Zitronensaft, etwas Salz und Jaggery oder braunem Zucker abschmecken. Unter gelegentlichem Rühren 7–8 Minuten garen. Abkühlen lassen und zu einem Hauptgericht servieren.

Ein vegetarisches Festessen

- Schwarze Linsen mit Gewürzen (Kali dal), Seite 78
- Spinat-Mais-Curry (Makkai palak), Seite 89
- Gebackenes Hefebrot (Naan), Seite 26
- Apfelchutney (Sabe ki chutney)

Sieben Getränke

Im Westen wird indisches Essen oft mit Bier oder Lassi in Verbindung gebracht, doch tatsächlich trinkt man weder das eine noch das andere zu einer traditionellen indischen Mahlzeit. Die meisten Inder trinken zum Essen nur Wasser, um ab und zu den Gaumen zu erfrischen und die vielen Aromen der Speisen richtig genießen zu können. Aromatisierte Getränke trinkt man zu anderen Gelegenheiten. Die verschiedenen Tees in diesem Kapitel werden beispielsweise zum Frühstück serviert oder zur Förderung der Verdauung nach dem Essen.

Übrigens lässt sich die brennende Schärfe einer Chilischote nicht durch Wasser abmildern. Capsaicin, das dem Chili sein scharfes Feuer verleiht, ist nicht wasserlöslich, kann aber durch Joghurt neutralisiert werden.

Ayurvedisches Wissen

Der Ayurveda empfiehlt, während des Essens nur in Maßen zu trinken. Denn zu viel Wasser verdünnt die Verdauungssäfte und verlangsamt dadurch den Verdauungsprozess. Zudem ist raumtemperiertes Wasser am bekömmlichsten. Eisgekühlte Getränke löschen das Feuer der Verdauung (Agni).

Alkohol gilt im Ayurveda nicht als ungesund. In klassischen ayurvedischen Texten finden sich sogar viele Rezepte für Kräuterweine. Allerdings schadet dem Körper alles, was im Übermaß genossen wird. Vor allem der Pitta-Typ sollte darauf achten, nicht zu viel Alkohol zu trinken.

HARI LASSI

Joghurttrank mit zerstoßenen Curryblättern

Joghurt ist schwer und feucht und eignet sich darum am besten für den Vata-Typ. Viele Inder beenden ihre Mahlzeiten mit einem Löffel Joghurt, denn er ist ein ideales Verdauungsmittel. Beim Verzehr hat Joghurt zunächst eine kühlende Wirkung, doch nach einer Weile setzt ein wärmender Effekt ein.

300 ml fettarmer Joghurt
8 Curryblätter
½ TL Kreuzkümmel
1 Handvoll frisches Koriandergrün, gewaschen und fein gehackt
300 ml Wasser
Salz

Vorbereitungszeit: 10 Minuten
Garzeit: 2 Minuten
Für 4 Personen

1. Eine kleine Pfanne erhitzen und den Kreuzkümmel darin ohne Fett leicht bräunen. In einem Mörser zu feinem Pulver zermahlen.

2. Die Curryblätter und das Koriandergrün mit 150 Millilitern Wasser zu einer Paste pürieren.

3. Das restliche Wasser, den Joghurt und etwas Salz zu der Kräuterpaste in den Mixer geben und gut vermischen.

4. In Gläser füllen und mit dem zermahlenen Kreuzkümmel bestreuen.

AAM KI LASSI

Mango-Lassi

Reife Mangos wirken auf alle drei Energietypen harmonisierend und enthalten viel Vitamin A und C, die das Gewebe und das Immunsystem stärken. Aber sie sind auch sehr wärmend und können bei übermäßigem Genuss die Verdauung beeinträchtigen. Für das Lassi benötigen Sie reife Mangos, die bei sanftem Druck leicht nachgeben.

2 reife Mangos (am besten Alphonso oder Kesar), entsteint
1 Prise gemahlener Kardamom
300 g fettarmer Joghurt (bevorzugt probiotisch)
Zucker (Menge nach Geschmack)
300 ml Wasser

Vorbereitungszeit: 15 Minuten
Garzeit: keine
Für 4 Personen

1. Die Mangos schälen, hacken und im Mixer pürieren. Mit den übrigen Zutaten vermischen und mit Wasser auffüllen, sodass sich das Lassi in Gläser gießen lässt.

NIMBOO PANI

Frische Limonade mit Ingwer

Wenn es im Sommer in Indien so richtig heiß wird, sind kühlende Getränke sehr willkommen. Einen Krug mit dieser erfrischenden Limonade sollten Sie an heißen Tagen stets im Kühlschrank stehen haben. Für eine köstliche Variante können Sie noch Sommerfrüchte wie Beeren oder Nektarinen hinzugeben.

Frisch gepresster Saft von 2 Zitronen
1 Stück frischer Ingwer (2,5 cm lang), Haut abgeschabt, fein gerieben
Salz
Flüssiger Honig (Menge nach Geschmack)
Einige frische Minzeblätter zum Garnieren

Vorbereitungszeit: 10 Minuten
Garzeit: keine
Für 4 Personen

1. Zitronensaft, etwas Salz, Honig und Ingwer in einen Krug füllen und gut vermischen.

2. Auf 4 hohe Gläser verteilen und mit kaltem Wasser aufgießen. Mit frischen Minzeblättern garnieren.

JALJEERA

Kreuzkümmel-Cooler

Dieses Getränk wird gewöhnlich vor dem Essen serviert, um den Appetit anzuregen. Die Menge der Gewürze können Sie nach Ihrem persönlichen Geschmack variieren, doch der Cooler sollte auf jeden Fall eine Kombination süßer, salziger und würziger Aromen sein.

2 TL Kreuzkümmel
1 EL Tamarindenmark, in 6 EL Wasser verrührt
600 ml Wasser
2 EL geriebener Jaggery (Seite 173)
½ TL schwarzes indisches Salz (Kala namak, in indischen Lebensmittelläden erhältlich)
4 EL gewaschenes, fein gehacktes frisches Koriandergrün

Vorbereitungszeit: 5 Minuten
Garzeit: 2 Minuten
Für 4 Personen

1. Den Kreuzkümmel in einem kleinen Topf etwa 1 Minute ohne Fett rösten, bis er zu bräunen beginnt. In einen Mörser geben und zu feinem Pulver zermahlen.

2. Tamarindenwasser, Wasser, Jaggery und schwarzes Salz in einen Krug füllen und so lange rühren, bis sich der Jaggery aufgelöst hat. Den zermahlenen Kreuzkümmel und das Koriandergrün unterrühren.

KASHAYA

Flachssamentee

Wenn ich als Kind eine Erkältung oder Fieber hatte, kochte meine Großmutter mir stets diesen wunderbaren Tee, und es ging mir sofort besser. Heute gebe ich den Tee meinen eigenen Kindern. Die Gewürze beruhigen die Organe, die Wärme sorgt für Ausgeglichenheit

1 TL Flachssamen
3 schwarze Pfefferkörner, zerstoßen
2 grüne Kardamomkapseln, zerstoßen
3 Gewürznelken, zerstoßen
1 Stück frischer Ingwer (1 cm lang), Haut abgeschabt, in Scheiben geschnitten
600 ml Wasser
Jaggery (Seite 173) oder brauner Zucker

Vorbereitungszeit: 2 Minuten
Kochzeit: 10 Minuten
Für 4 Personen

1. Die Flachssamen in einen Topf geben und zugedeckt erhitzen (so können sie nicht aus dem Topf hüpfen), bis sie aufgeplatzt sind. Die übrigen Gewürze, den Ingwer und das Wasser hinzufügen und zum Kochen bringen. Bei reduzierter Hitze 5 Minuten köcheln lassen.

2. Durch ein Sieb abseihen und mit Jaggery oder braunem Zucker nach Geschmack süßen. Heiß servieren.

MASALA CHAI

Gewürztee

Ein herrliches Getränk nach dem Essen: Kardamom hilft bei schwerem Essen und beruhigt den Magen, Koriander stärkt das Verdauungssystem.

1 TL Fenchelsamen
3 grüne Kardamomkapseln, zerstoßen
600 ml Wasser
3 Beutel schwarzer Tee
Flüssiger Honig (Menge nach Geschmack)
Etwas Milch (nach Belieben)

Vorbereitungszeit: keine
Kochzeit: 10 Minuten
Für 4 Personen

1. Die Gewürze in einem Topf mit schwerem Boden bei starker Hitze etwa 1 Minute ohne Fett rösten, bis sie zu zischen beginnen und sich verfärben.

2. Das Wasser hinzugießen und aufkochen. Bei reduzierter Hitze 5 Minuten köcheln lassen. Die Teebeutel hineingeben und die Mischung erneut aufkochen.

3. Vom Herd nehmen, abseihen und die Gewürze und Teebeutel wegwerfen.

4. Nach Geschmack mit Honig süßen und nach Belieben ein wenig Milch hinzugießen.

HALDI KI CHAI

Kurkumatee mit Jaggery

Gope, ein guter Freund, gab mir dieses Rezept für eine Art Allheilmittel. Ich trinke diesen Tee nun schon seit einer Weile einmal pro Tag – manchmal sogar ohne Jaggery – und kann seine wohltuende Wirkung nur bestätigen. Er unterstützt meine Verdauung, reinigt den Körper, sodass ich eine wunderbare Haut habe, und schützt mich vor Erkältungen.

1 Prise gemahlene Kurkuma
Etwas Jaggery (Seite 173), fein gehobelt, etwa ½ TL für eine große Tasse
600 ml Wasser

Zubereitungszeit: 5 Minuten
Garzeit: keine
Für 4 Personen

1. Das Wasser erhitzen.

2. Je 1 Prise Kurkuma und etwas Jaggery in 4 große Teetassen geben und mit kochend heißem Wasser aufgießen.

Acht Desserts

Bei jedem der vielen indischen Feste spielen süße Spezialitäten und Süßspeisen eine wichtige Rolle. Süßes wird den Göttern als »heilige Speise« geopfert und ist entsprechend reichhaltig und schwer. Indien besitzt aber auch eine große Vielfalt an tropischen Früchten und damit reichlich gesunde Nachspeisen.

Obst gilt im Ayurveda als reinigend, denn es entgiftet den Körper und ist sehr leicht verdaulich. Doch nur natürlich gereifte Früchte, die nicht chemisch behandelt wurden, sind wirklich gesund. Darum sollten Sie beim Kauf auf Biofrüchte achten oder ihre eigenen Früchte ziehen. Denn nur so können Sie sicher sein, dass Sie nicht jede Menge Chemikalien zu sich nehmen.

Ayurvedisches Wissen

Der Ayurveda warnt vor dem übermäßigen Genuss süßer Speisen und rät davon ab, nach einem Essen noch schwere Desserts zu sich zu nehmen. Denn diese liegen im Magen auf all den anderen Dingen, die man gegessen hat und werden zuletzt verdaut. Am gesündesten ist es, Obst ohne Beigaben oder vor dem Essen zu verzehren.

KHAJUR AUR BADAM KA HALWA

Dattel-Mandel-Halva

Indisches Halva ist sehr gehaltvoll und kann aus Milch, Gemüse (etwa Karotten), Früchten (beispielsweise Feigen und Datteln) oder Nüssen bereitet werden. Traditionelle Süßigkeiten *(mithai)* bestehen aus viel Ghee und Zucker, doch meine Variante von Halva enthält weder das eine noch das andere. Datteln sind sehr nährstoffreich. Das enthaltene Selen verringert das Risiko eines Herzleidens oder einer Krebserkrankung. In der traditionellen Medizin verwendet man Datteln bei Halsschmerzen.

12 weiche Datteln, entsteint (am besten sind pralle Sorten wie Medjool oder Khadrawi; trockenere Datteln wie Deglet Nour müssen zuvor 5 Minuten pochiert oder 2–3 Minuten gedämpft werden)
50 g Mandelblättchen
4 EL frisch gepresster Orangensaft
2 EL Kürbiskerne
1 kräftige Prise fein zermahlene Kardamomsamen (von 6 grünen Kardamomkapseln)
2 TL gemahlene Mandeln

Vorbereitungszeit: 10 Minuten
Garzeit: keine
Ergibt 12 Stück

1. Die Datteln in einer Schüssel mit einer Gabel zerdrücken und mit dem Orangensaft zu einer dicken Masse verarbeiten.

2. Mandelblättchen, Kürbiskerne und gemahlenen Kardamom unterziehen.

3. Die gemahlenen Mandeln auf einer flachen Platte verteilen. Aus der Dattelmasse mit den Händen 12 kirschgroße Bällchen formen und in den Mandeln wälzen. Im Kühlschrank sind sie 3 Tage haltbar.

SANTRE KA SHEERA

Orangen-Grieß-Pudding mit Safran

Orangen reinigen das Blut, stimulieren das Feuer der Verdauung (Agni) und stärken die Leber. Sie sind süß und kühlend und damit am besten für den Vata-Typ geeignet. Ihr hoher Gehalt an Vitamin C stärkt die Abwehrkräfte.

2 süße Orangen, geschält, die Spalten filetiert
150 g Weizengrieß
2 EL Sonnenblumenöl
3 EL brauner Zucker
1 kräftige Prise Safran

Vorbereitungszeit: 10 Minuten
Garzeit: 20 Minuten
Für 4 Personen

1. Das Öl in einem Topf erhitzen und den Grieß darin 5 Minuten bei starker Hitze rösten, bis er duftet. Die Hitze reduzieren und den Zucker 3–4 Minuten unterrühren, bis er sich aufgelöst hat.

2. Die Orangen und den Safran hinzugeben, 450 Milliliter Wasser unterrühren. Zugedeckt bei schwacher Hitze 6–7 Minuten köcheln lassen, bis der Grieß gar und der Pudding trocken und schön locker ist. Heiß oder kalt servieren.

Ein schnelles Essen

- Gekochter Reis (Chaval), Seite 18
- Augenbohnen mit Thunfischsteaks (Lobhia aur macchi), Seite 60
- Würziges Luffagemüse (Turia ki sabzi), Seite 116
- Orangen-Grieß-Pudding mit Safran (Santre ka sheera)

LAUKI KI KHEER

Pudding aus Flaschenkürbis

Dieses ungewöhnlich anmutende Dessert ist in vielen Teilen Indiens sehr beliebt. Flaschenkürbis kostet relativ wenig und ist zudem noch reich an Nährstoffen. Sie können statt Kürbis aber auch Karotten verwenden.

1 mittelgroßer Flaschenkürbis *(doodhi)*, geschält und in sehr kleine Würfel geschnitten
300 ml Milch
2 EL geriebener Jaggery (Seite 173) oder brauner Zucker
½ TL fein zermahlene Kardamomsamen (von 6 grünen Kardamomkapseln)
2 EL Kürbis- oder Melonenkerne

Vorbereitungszeit: 10 Minuten
Garzeit: 20 Minuten
Für 4 Personen

1. Gewürfeltes Kürbisfleisch und Milch in einen Topf füllen und zum Kochen bringen. Die Hitze reduzieren und die Mischung 10–12 Minuten köcheln lassen, bis das Kürbisfleisch durchscheinend ist. Im Topf sollte sich noch etwas Flüssigkeit befinden.

2. Den Jaggery 3–4 Minuten unterrühren, bis er sich aufgelöst und die Milch leicht eingedickt hat.

3. Vom Herd nehmen und den zerstoßenen Kardamom gut unterrühren.

4. Abkühlen lassen, in Dessertschalen füllen und mit Kürbis- oder Melonenkernen bestreut servieren.

MADGANE

Kichererbsenpudding mit Jaggery

Diesen traditionellen Pudding aus Südindien bereitet man vor allem an Feiertagen. Ich schätze ihn sehr, weil er schön satt macht, dabei jedoch nicht zu mächtig ist. Ich kann mich noch gut daran erinnern, wie ich den Pudding in meiner Kindheit zum Ganesh-Fest in der Regenzeit gegessen habe.

4 EL geschälte, halbierte Kichererbsen (Channa dal), gewaschen und abgetropft
2 EL Jaggery (Seite 173) oder brauner Zucker
3 EL geschroteter Basmatireis (dieser verleiht dem Pudding eine bessere Konsistenz als normaler Basmatireis)
4 EL Cashewnüsse
2 EL Rosinen
2 EL frisch geriebene oder fertige Kokosraspel
½ TL fein zermahlene Kardamomsamen (von 6 grünen Kardamomkapseln)

Vorbereitungszeit: 10 Minuten
Garzeit: 45 Minuten
Für 4 Personen

1. Während die restlichen Zutaten vorbereitet werden, den Reis in wenig Wasser einweichen.

2. Einen kleinen Topf erhitzen und die Kichererbsen darin 3–4 Minuten ohne Fett rösten, bis sie sich zu verfärben beginnen.

3. Vom Herd nehmen und mit den Cashewnüssen und Rosinen in einen größeren Topf füllen. 150 Milliliter Wasser hinzugießen und zum Kochen bringen. Die Hitze reduzieren und die Mischung 30 Minuten köcheln lassen, bis die Kichererbsen weich sind.

4. In der Zwischenzeit den Reis abgießen. Im Mixer mit den Kokosraspeln, dem Kardamom und einigen Esslöffeln Wasser zu einer feinen Paste pürieren.

5. Die Paste zu den Kichererbsen geben und mit so viel Wasser verrühren, dass eine flüssige Mischung entsteht. Den Jaggery oder braunen Zucker unterrühren.

6. Bei schwacher Hitze 5 Minuten köcheln lassen, bis der Reis gar ist. Der fertige Pudding sollte cremig bis dickflüssig sein.

MAKHANPHAL KA RASAYAN

Avocado-Kurkuma-Pudding

Dieses Gericht geht auf ein traditionelles Rezept zurück, das Früchte und Kokosnuss verwendet. Avocados enthalten viele einfach ungesättigte Fettsäuren sowie Omega-3-Fettsäuren, die den Cholesterinspiegel senken. Zudem haben sie von allen Früchten den höchsten Ballaststoffgehalt und sind auch noch sehr kaliumreich. Obwohl man Kurkuma gewöhnlich nicht an indische Süßspeisen gibt, schätze ich ihre goldgelbe Farbe und ihre wohltuende Wirkung in diesem Pudding ganz besonders.

2 reife Avocados, entsteint, geschält und grob gehackt
1 kräftige Prise gemahlene Kurkuma
300 ml Sojamilch oder fettarme Milch
2 EL geriebener Jaggery (Seite 173) oder brauner Zucker
2 EL Cashewnüsse
½ TL fein zermahlene Kardamomsamen (von 6 grünen Kardamomkapseln)
1 EL Granatapfelkerne, oder andere rote Früchte, etwa Erdbeeren, Kirschen oder Cranberrys, zum Garnieren

Vorbereitungszeit: 10 Minuten
Garzeit: 5 Minuten
Für 4 Personen

1. Sojamilch, Kurkuma, Jaggery oder braunen Zucker, Cashewnüsse und Kardamom in einen Topf füllen und zum Kochen bringen. Dabei ununterbrochen rühren, bis sich der Jaggery oder Zucker aufgelöst hat.

2. Vom Herd nehmen und vollständig abkühlen lassen. Die Avocados unterrühren, den Pudding mit Granatapfelkernen oder anderen Früchten garnieren und servieren.

Sommerlunch mit Freunden

- Fleischbällchen in Fenchel-Ingwer-Curry (Masale ke kofte), Seite 43
- Gekochter Reis (Chaval), Seite 18
- Zwiebel-Tomaten-Salat mit Dill (Suve ka kachumber), Seite 138
- Avocado-Kurkuma-Pudding (Makhanphal ka rasayan)

LAPSI KHEER

Weizen-Bananen-Pudding

Reife Bananen sind kühlend, schwer und süß, nach längerer Zeit wirken sie allerdings sauer, und sind darum für den Kapha- und Pitta-Typ nicht in größeren Mengen geeignet. Sie helfen bei Sodbrennen, Blähungen und Entzündungen des Verdauungstrakts.

Weizenschrot *(lapsi)* erinnert an Couscous, hat jedoch etwas dunklere, größere Körner. Weizen ist ein schweres Getreide, das man mit feuchten Speisen kombinieren muss, um es gut verdauen zu können.

150 g Weizenschrot (Lapsi)
2 Bananen, in Scheiben geschnitten
4 EL geriebener Jaggery (Seite 173) oder brauner Zucker
150 ml Kokosmilch
½ TL fein zermahlene Kardamomsamen (von 6 grünen Kardamomkapseln)

Vorbereitungszeit: keine
Garzeit: 20 Minuten
Für 4 Personen

1. Den Weizenschrot in einem Topf mit 300 Millilitern Wasser bedecken und in 15 Minuten weich garen.

2. Den Jaggery oder Zucker unterrühren und 3–4 Minuten mitgaren, bis er sich aufgelöst hat. Den Topf vom Herd nehmen.

3. Kokosmilch und Kardamom hinzufügen.

4. Die Bananen unterziehen und den Pudding warm servieren.

MODAK

Gedämpfte Reis-Kokos-Päckchen

Diese festliche Spezialität wird nur zu besonderen Gelegenheiten zubereitet. Für das Falten der Päckchen benötigen Sie ein wenig Geduld. Wird der Reisteig zu schnell gefaltet, reißt er. Damit der Teig elastisch bleibt, sollten Sie regelmäßig die Hände befeuchten.

220 g Reismehl
150 g frisch geriebene oder fertige Kokosraspel
1 EL Sonnenblumenöl
3 EL geriebener Jaggery (Seite 173) oder brauner Zucker
½ TL zermahlene Kardamomsamen (von 6 grünen Kardamomkapseln)

Vorbereitungszeit: 10 Minuten
Garzeit: 30 Minuten
Für 4 Personen

1. In einem Topf 300 Milliliter Wasser mit dem Öl aufkochen. Die Hitze reduzieren und das Reismehl mit einem Holzlöffel unterschlagen, bis sich eine Teigkugel bildet.

2. Vom Herd nehmen und leicht abkühlen lassen, dann zu einem weichen, gut formbaren Teig verkneten.

3. Den Jaggery oder Zucker in einem Topf mit schwerem Boden unter Rühren 3–4 Minuten schwach erhitzen, bis er flüssig wird. Kokosraspel und Kardamom unterrühren.

4. Aus dem Reismehlteig 15 Bällchen von der Größe einer kleinen Pflaume formen.

5. Die Hände mit Wasser befeuchten und ein Teigbällchen zwischen den Handflächen flach drücken. Etwas Kokosmischung in die Mitte geben und den Teig darüber zusammenfalten, sodass das Teigpäckchen wie ein großer Tropfen aussieht. Den Teig über der Füllung fest zusammendrücken. Eventuelle Risse im Teig mit dem angefeuchteten Finger verschließen. Die restlichen Teigpäckchen ebenso herstellen.

6. Einen Dampfeinsatz mit Backpapier auskleiden. Die Päckchen hineingeben und 10–15 Minuten über einem Topf mit kochendem Wasser dämpfen, bis sie leicht durchscheinend aussehen. Übrig gebliebene Kokosmischung ist eine wunderbare Füllung für Pfannkuchen.

Der indische Vorratsschrank

Gewürze

In einem indischen Gewürzladen gibt es ganze Regalwände voller leuchtender und duftender Gewürze, und schnell kommt einem der Gedanke, dass ein indischer Haushalt ganz ähnlich aussehen müsste. Tatsächlich sind es aber nur etwa sieben Gewürze, die beispielsweise ich regelmäßig verwende – gemahlene Kurkuma, Chilipulver, gemahlener Kreuzkümmel, gemahlener Koriander, Kreuzkümmel, schwarze Senfsamen und Garam masala. Mit einem gemahlenen Gewürz meine ich hier stets ein Gewürz, das im Handel in gemahlener Form erhältlich ist.

Jedes Gewürz der indischen Küche besitzt spezielle Heilwirkungen. Kurkuma etwa ist ein wunderbares Antiseptikum, Kreuzkümmel fördert die Verdauung und Chili unterstützt eine ausgewogene Körpertemperatur. Gewürze sind als ganze Samen und gemahlen im Handel erhältlich, und es ist wichtig, sie richtig zu lagern, damit sie ihre volle Wirkung entfalten können. Am besten bewahrt man sie maximal sechs Monate in einem dunklen, trockenen Behälter auf. Danach verderben sie natürlich nicht, aber sie verlieren einen Teil ihres Aromas.

Asafoetida

Asafoetida oder Asant stammt zwar aus Afghanistan, doch schon seit vielen hundert Jahren ist das Gewürz ein wichtiger Bestandteil der indischen Küche und Medizin. Wegen des intensiven, knoblauchartigen Geruchs bezeichnet man es mitunter auch als »Teufelsdreck«.

Es handelt sich um das getrocknete Harz des Rhizoms verschiedener Steckenkrautarten, relativ großer mehrjähriger Pflanzen mit rübenähnlichen Wurzeln. Im März und April, kurz vor der Blüte, werden die Stängel dicht über der Wurzel angeschnitten. Das austretende milchige Harz verfestigt sich zu Asafoetida. Es wird aufgefangen und dann ein neuer Schnitt gemacht – eine Prozedur, die etwa drei Monate dauert. Schließlich hat die Pflanze bis zu einem Kilo Harz abgegeben und die Wurzel ist ausgetrocknet.

Frische Asafoetida ist weißlich und fest, in Verbindung mit Sauerstoff wird sie nach und nach rosa bis rötlich braun. Das im Handel angebotene Gewürz hat einen Ockerton und wird meist als gemahlenes gelbes Pulver oder Granulat verwendet. Asafoetida hat einen beißenden Geruch, der durch den Schwefelgehalt bedingt ist. Das Gewürz an sich schmeckt unangenehm, doch in pikanten indischen Gerichten kann es den Geschmack wunderbar abrunden.

Asafoetida ist bis zu einem Jahr haltbar. Das kräftige Aroma passt gut zu Hülsenfrüchten, Gemüse und Pickles. Man verwendet stets nur kleinste Mengen – eine kleine Prise, die man vor den anderen Zutaten an das heiße Öl gibt, würzt ein Gericht für vier Personen.

Bockshornklee

In alter Zeit entdeckten Kräuterheiler, dass Bockshornklee die Verdauung fördert, und bis heute isst man die Samen gegen Blähungen, Durchfall und chronischen Husten. Vom Bockshornklee verwendet man die Samen und die Blätter (frisch und getrocknet). Die kleinen harten Samen haben eine rechteckige Form und eine ockergelbe Färbung. Im Handel werden sie ganz, zerstoßen oder gemahlen angeboten, und man schätzt ihr curryartiges Aroma und den nachhaltigen Geschmack. Mit Bockshornkleegrün *(kasuri methi)*, den Blättern des Gewürzes, verfeinert man gern Fleisch, Gemüse und Currys mit Zwiebeln. Es wird im Bund verkauft, die harten Stängel müssen vor der Verwendung entfernt werden. Die getrockneten Blätter und Samen sollte man in luftdichten Schraubgläsern aufbewahren. Die Samen verwendet man am besten innerhalb von sechs Monaten, bei den Blättern sind es vier Monate.

Jaggery

Bei der Zuckerherstellung aus Zuckerrohr entstehen verschiedene Nebenprodukte: Melasse, Alkohol und Jaggery. Bei Jaggery handelt es sich um dehydrierten Zuckerrohrsaft (manchmal auch Palmsaft), der nicht raffiniert wurde und darum all die Vorzüge des Safts enthält. In Indien wird er meist von kleineren Erzeugern produziert, die ihre großen Brechmaschinen noch von Ochsen antreiben lassen. In der indischen Küche kommt Jaggery die gleiche Bedeutung zu wie dem Zucker im Westen. Er hat einen ganz eigenen Geschmack, der auch durch braunen Zucker nicht vollständig ersetzt werden kann.

Je nach Qualität des Zuckerrohrsafts kann Jaggery senfgelb bis bersteinfarben sein. Er ist klebrig und verklumpt leicht. Sein Karamellaroma erinnert an Alkohol (an süßen Sherry oder Portwein), der süße Geschmack ist moschusartig. Jaggery ist in Asiamärkten und indischen Lebensmittelläden in Blöcken verschiedener Größe erhältlich und sollte innerhalb von sechs Monaten aufgebraucht werden.

Grundrezepte

Ingwer-Knoblauch-Paste

Ingwer und Knoblauch werden in der indischen Küche fast immer zusammen verwendet. Für die Herstellung von Ingwer-Knoblauch-Paste rechnet man einen Teil Ingwer auf anderthalb Teile Knoblauch. Ingwer sollte nach Möglichkeit nicht geschält, sondern die Haut nur leicht mit dem Messer abgeschabt werden, da die wirksamsten Bestandteile direkt darunter liegen. Der Knoblauch wird geschält, grob gehackt und mit dem Ingwer und einigen Esslöffeln Wasser im Mixer fein püriert.

Ich bereite die Paste meist in größeren Mengen und friere sie in dünnen Schichten zwischen Plastikfolie ein. Ein Glas davon steht auch immer in meinem Kühlschrank. Die Paste ist bis zu einem Monat haltbar.

Garam masala

Jeder indische Haushalt kennt ein eigenes Rezept für Garam masala, obwohl die fertigen Gewürzmischungen aus dem Handel heute beinahe ebenso geschätzt werden. Hier ein Rezept:

1 TL schwarze Pfefferkörner
2 TL Kreuzkümmel
1 Zimtstange (2 cm lang)
1 TL Kardamomsamen (von 10–12 grünen Kardamomkapseln)
1 TL Gewürznelken
3 Lorbeerblätter

Die Gewürze in einem kleinen Topf ohne Fett bei mittlerer Hitze 3–4 Minuten rösten, bis sie zu bräunen beginnen und aromatisch duften. In einer Kaffeemühle oder im Mörser zu feinem Pulver zermahlen. Im luftdichten Schraubglas bis zu sechs Monate aufbewahren.

Paneer

Paneer, indischer Frischkäse, ist in fast allen indischen Lebensmittelläden erhältlich, aber er lässt sich auch leicht selbst herstellen. Für 150 Gramm benötigen Sie:

450 ml Vollmilch
2 EL frisch gepressten Zitronensaft
(oder so viel, dass die Milch gerinnt)

Die Milch in einen Topf mit schwerem Boden füllen und aufkochen. Vom Herd nehmen, den Zitronensaft hinzufügen und so lange rühren, bis die Milch gerinnt. Noch einige Minuten stehen lassen, um die Gerinnung abzuschließen, dann in ein Musselintuch abseihen. (Die Molke auffangen und statt Wasser für einen Teig verwenden.) Den Paneer im Tuch auf einen Teller setzen und mit einem Gewicht beschweren, sodass die überschüssige Molke austritt und der Paneer fest wird. Nach Belieben verwenden. Übrig gebliebener Paneer kann im Kühlschrank 3–4 Tage aufbewahrt werden. Einfach täglich mit frischem Wasser bedecken, damit er nicht austrocknet.

Index